Tecnologia assistiva

uma prática para a promoção
dos direitos humanos

O selo DIALÓGICA da Editora InterSaberes faz referência às publicações que privilegiam uma linguagem na qual o autor dialoga com o leitor por meio de recursos textuais e visuais, o que torna o conteúdo muito mais dinâmico. São livros que criam um ambiente de interação com o leitor – seu universo cultural, social e de elaboração de conhecimentos –, possibilitando um real processo de interlocução para que a comunicação se efetive.

Tecnologia assistiva

uma prática para a promoção dos direitos humanos

Margarete Terezinha de Andrade Costa

EDITORA
intersaberes

EDITORA intersaberes

Rua Clara Vendramin, 58 . Mossunguê . CEP 81200-170 . Curitiba . PR . Brasil
Fone: (41) 2106-4170 . www.intersaberes.com . editora@editoraintersaberes.com.br

Conselho editorial
Dr. Ivo José Both (presidente)
Dr.ª Elena Godoy
Dr. Neri dos Santos
Dr. Ulf Gregor Baranow

Editora-chefe
Lindsay Azambuja

Supervisora editorial
Ariadne Nunes Wenger

Analista editorial
Ariel Martins

Preparação de originais
Gilberto Girardello Filho

Edição de texto
Viviane Fernanda Voltolini

Capa e projeto gráfico
Bruno Palma e Silva (*design*)
alexandre zveiger/Shutterstock

Diagramação
Carolina Perazzoli

Equipe de *design*
Iná Trigo
Sílvio Gabriel Spannenberg

Ilustração
Will Amaro

Iconografia
Sandra Lopis da Silveira
Regina Claudia Cruz Prestes

Dados Internacionais de Catalogação na Publicação (CIP)
(Câmara Brasileira do Livro, SP, Brasil)

Costa, Margarete Terezinha de Andrade
Tecnologia assistiva: uma prática para a promoção dos direitos humanos/ Margarete Terezinha de Andrade Costa. Curitiba: InterSaberes, 2020. (Série Pressupostos da Educação Especial)

Bibliografia.
ISBN 978-85-227-0204-6

1. Direitos humanos 2. Educação especial 3. Educação especial – Ensino auxiliado por computador 4. Educação inclusiva 5. Prática de ensino 6. Tecnologia educacional I. Título. II. Série.

19-30683 CDD-371.904334

Índices para catálogo sistemático:
1. Tecnologia assistiva: Educação especial e inclusiva   371.904334

Maria Alice Ferreira – Bibliotecária – CRB-8/7964

1ª edição, 2020

Foi feito o depósito legal.

Informamos que é de inteira responsabilidade da autora a emissão de conceitos.

Nenhuma parte desta publicação poderá ser reproduzida por qualquer meio ou forma sem a prévia autorização da Editora InterSaberes.

A violação dos direitos autorais é crime estabelecido na Lei n. 9.610/1998 e punido pelo art. 184 do Código Penal.

Sumário

- 11   *Apresentação*
- 15   *Como aproveitar ao máximo este livro*
- 19   *Introdução*

Capítulo 1
- **21   Educação e o papel social da tecnologia assistiva**
- 22   O papel social da escola e a inclusão
- 30   Educação especial e inclusiva
- 34   Atendimento educacional especializado
- 39   Legislação e atuação da tecnologia assistiva
- 46   Referências para a construção dos sistemas de ensino inclusivos

Capítulo 2
- **65   Conceito, categorias, classificações, modelos e recursos para o uso de tecnologia assistiva**
- 66   Conceituação, terminologia e classificações da tecnologia assistiva
- 72   Categorias e objetivos da tecnologia assistiva
  - 77   Classificações da tecnologia assistiva
- 80   2.3 Adaptações para alunos com deficiência visual e auditiva
  - 81   Recursos adaptados para alunos com deficiência visual
  - 105   Recursos adaptados para alunos com deficiência auditiva

109 Recursos adaptados para alunos com deficiência física e motora
117 Recursos adaptados para alunos com deficiência intelectual

Capítulo 3
131 **Referências normativas e tecnologia assistiva**
132 A tecnologia assistiva na mediação dos processos inclusivos
136 Categorias da tecnologia assistiva
140 Modelos de tecnologia assistiva
145 Recursos didáticos adaptados
152 Tecnologia assistiva e acessibilidade

Capítulo 4
167 **Concessão e aquisição de tecnologia assistiva**
168 Políticas públicas de tecnologia assistiva no Brasil
178 Produtos de tecnologia assistiva relacionados e não relacionados às TIC
183 Benefícios no âmbito da política de assistência social com relação à política de saúde
186 A aplicabilidade do Estatuto da Pessoa com Deficiência – Lei Brasileira de Inclusão da Pessoa com Deficiência
195 Programas e ações de apoio ao desenvolvimento inclusivo dos sistemas de ensino

Capítulo 5
207 **Desenho universal: pesquisa, desenvolvimento e inovação**
208 Desenho universal e acessibilidade
212 Demandas concretas de tecnologia assistiva
217 Demandas de recursos para a acessibilidade física

224   Demandas de apoios humanos como suporte de acessibilidade
227   Demandas de formação, suporte, serviços e políticas públicas de tecnologia assistiva

Capítulo 6
237   Uso da informática no desenvolvimento de talentos e adaptações de *software*
238   Demandas de tecnologia assistiva relacionadas ao computador
       240   Recursos tecnológicos
242   Recursos de *hardwares* e *softwares* para a educação especial
245   Uso de ambientes computacionais e telemáticos: adaptação e acessibilidade ao sistema operacional
       246   Recursos do Windows
248   *Softwares* educativos para alunos da educação especial
252   Novas tecnologias

267   *Considerações finais*
269   *Referências*
291   *Bibliografia comentada*
293   *Apêndice – Legislações voltadas para a inclusão*
303   *Respostas*
305   *Sobre a autora*

Ao professor Milton Otto de Andrade, meu pai, que sempre me ensinou a trabalhar muito e, com isso, buscar a perfeição. Ele sempre dizia: "Você precisa saber o que fazer, como fazer, quando fazer e por que fazer".

Agradeço à Profª. Dra. Paula Mitsuyo Yamasali Sakaguti, minha irmã de alma, a confiança e o apoio.

Apresentação

O estudo da tecnologia assistiva constitui um assunto bastante amplo, em virtude de sua complexidade, de suas várias perspectivas atualmente em debate ou da constante inovação que o acompanha. Devemos, sem dúvida nenhuma, considerar também as determinações legais que exigem seu uso e sua aplicação principalmente na defesa e na implantação de um espaço democrático inclusivo.

Sendo assim, na construção de um espaço inclusivo, temos de ter clareza quanto aos objetivos do estudo da tecnologia assistiva. Assim, nesta obra propomos responder às inquietações, às necessidades e aos interesses de quem atua nessa área. Para alcançar tal propósito, organizamos este livro em seis capítulos.

No primeiro capítulo, interessa-nos discutir o papel social da tecnologia assistiva tendo em vista os direitos das pessoas com deficiência. Para dar conta dessa temática, ao longo do capítulo, propomos abranger os seguintes escopos: identificar o papel social da escola e da inclusão; diferenciar a educação especial e a inclusiva; inventariar o atendimento educacional especializado; analisar a legislação e a atuação da tecnologia assistiva; e constatar as referências para a construção dos sistemas de ensino inclusivos.

Para ampliar esses intentos, no segundo capítulo abordamos conceitos, categorias, classificações, modelos e recursos para o uso da tecnologia assistiva nas escolas. Tal objetivo desdobra-se nas seguintes metas: identificar os conceitos, a terminologia e as classificações da tecnologia assistiva; descrever as categorias e os objetivos da tecnologia assistiva; demonstrar os recursos adaptados para alunos com deficiência visual e auditiva; explicitar os conceitos de deficiência física e motora e deficiência intelectual. Ao longo do texto, os termos são explicados com base na atual aceitação e vigência na perspectiva inclusiva.

Na área da empregabilidade da tecnologia assistiva, optamos, no terceiro capítulo, por utilizar as referências normativas de sua aplicação, elaboração e utilização. Nesse capítulo ainda tratamos da mediação dos processos inclusivos; analisamos as categorias de tecnologia assistiva, organizamos seus modelos, comparamos os recursos didáticos adaptados e traçamos uma relação com a acessibilidade.

No quarto capítulo, esclarecemos como se dá a concessão e a aquisição da tecnologia assistiva. Para isso, identificaremos as políticas de tecnologia assistiva no Brasil; revisamos os produtos de tecnologia assistiva relacionadas e não relacionadas às tecnologias da informação e comunicação (TIC); comentamos os benefícios no âmbito da política de assistência social em relação à política de saúde; analisamos a aplicabilidade do estatuto da pessoa com deficiência; e, finalmente, esquematizamos os programas e as ações de apoio ao desenvolvimento inclusivo dos sistemas de ensino.

Não há como estudar a tecnologia assistiva sem conhecer o desenvolvimento e as inovações do desenho universal, tema do quinto capítulo. Nesse ponto da obra, também nos interessa: identificar a tecnologia assistiva fora das salas de recursos; revisar as demandas concretas para seu uso; descrever as demandas de recursos para a acessibilidade física; demonstrar as demandas de apoio humano como suporte de acessibilidade; e relacionar as demandas de formação, suporte, serviços e políticas públicas de tecnologia assistiva.

Para finalizar, no sexto capítulo, versamos sobre os diferentes usos da informática no desenvolvimento de talentos e as adaptações de *software* necessárias para tanto. Comentamos, então, as demandas de tecnologia assistiva relacionadas ao computador; descrevemos os recursos de *hardware* e *software* para a educação especial; explicamos como se dá o uso de ambientes computacionais e telemáticos[1] adaptados; categorizamos *softwares* educativos para alunos da educação especial; e estimamos as novas tecnologias voltadas para a educação especial.

Tendo como guia esses propósitos, procuramos utilizar uma linguagem acessível, sem perder, porém, a profundidade, principalmente pela importância da temática. Também não esperamos que este livro seja um manual de "receitas prontas", acabadas e que solucionam todos os problemas e esclarecem todas as dúvidas. Esta obra busca oferecer um conjunto de reflexões que contribuam para a formação profissional e pessoal de seus leitores e que subsidiem de forma satisfatória o uso das tecnólogas assistivas.

Bons estudos!

---

[1] Telemática, segundo o Dicionário Houaiss (IAH, 2019), é a "ciência que trata da transmissão, a longa distância, de informação computadorizada".

Como aproveitar ao máximo este livro

Empregamos nesta obra recursos que visam enriquecer seu aprendizado, facilitar a compreensão dos conteúdos e tornar a leitura mais dinâmica. Conheça a seguir cada uma dessas ferramentas e saiba como elas estão distribuídas no decorrer deste livro para bem aproveitá-las.

Introdução do capítulo

Logo na abertura do capítulo, informamos os temas de estudo e os objetivos de aprendizagem que serão nele abrangidos, fazendo considerações preliminares sobre as temáticas em foco.

Síntese

Ao final de cada capítulo, relacionamos as principais informações nele abordadas a fim de que você avalie as conclusões a que chegou, confirmando-as ou redefinindo-as.

Indicações culturais

Para ampliar seu repertório, indicamos conteúdos de diferentes naturezas que ensejam a reflexão sobre os assuntos estudados e contribuem para seu processo de aprendizagem.

Atividades de autoavaliação

Apresentamos estas questões objetivas para que você verifique o grau de assimilação dos conceitos examinados, motivando-se a progredir em seus estudos.

Atividades de aprendizagem

Aqui apresentamos questões que aproximam conhecimentos teóricos e práticos a fim de que você analise criticamente determinado assunto.

Bibliografia comentada

Nesta seção, comentamos algumas obras de referência para o estudo dos temas examinados ao longo do livro.

Bibliografia comentada

BERSCH, R. Introdução à tecnologia assistiva. Porto Alegre, p. 1-20, 2017. Disponível em: <http://www.assistiva.com.br/Introducao_Tecnologia_Assistiva.pdf>. Acesso em: 31 jul. 2019.

Bersch é uma fisioterapeuta que se dedica à pesquisa na área de tecnologia assistiva e está envolvida com a inclusão de pessoas com deficiência na educação. Sua obra constitui um apanhado sobre o conceito, o objetivo, a classificação em categorias da tecnologia assistiva, a legislação brasileira e as ações governamentais.

BERSCH, R. Design de um serviço de tecnologia assistiva em escolas públicas. 231 f. Dissertação (Mestrado em Design) – Universidade Federal do Rio Grande do Sul, Porto Alegre, 2009. Disponível em: <https://lume.ufrgs.br/bitstream/handle/10183/18299/000721879.pdf?sequence=1&isAllowed=y>. Acesso em: 1º out. 2019.

Bersch pesquisou a tecnologia assistiva e sua realização na educação sob uma perspectiva inclusiva. Além disso, estudou três casos específicos de atendimentos de alunos com a intenção de propor um novo design ao serviço de tecnologia assistiva.

GALVÃO FILHO, T. A. A tecnologia assistiva: de que se trata? In: MACHADO, G. J. C.; SOBRAL, M. N. (Org.). Conexões: educação, comunicação, inclusão e interculturalidade. Porto Alegre: Redes, 2009. p. 207-235.

Introdução

Iniciamos este estudo analisando dois pontos fundamentais de discussão: o sistema educacional e as transformações do processo inclusivo.

O sistema educacional inclusivo está fundamentado na Constituição Federal de 1988, que garante a educação como um direito de todos (Brasil, 1988), e no Decreto n. 6.949, de 25 de agosto de 2009, que ratifica a Convenção sobre os Direitos das Pessoas com Deficiência (Brasil, 2009a), assegurando o direito de pleno acesso à educação em igualdade de condições com as demais pessoas. Portanto, trata-se de uma determinação legal que deve ser cumprida. Sabemos que a educação especial constitui uma modalidade de ensino não substitutiva à escolarização dos alunos com deficiência, transtornos globais do desenvolvimento e altas habilidades/superdotação.

Ao mesmo tempo, com as ações transformadoras de práticas de inclusão que orientam mudanças desde a educação comum até os serviços de apoio especializados, surge a tecnologia assistiva como área do conhecimento atual capaz de pesquisar e planejar recursos e serviços em prol das pessoas com necessidades especiais. Ela busca principalmente a resolução de problemas funcionais, subsidiando práticas pedagógicas capazes de atender à diversidade de alunos presentes em nosso contexto educacional.

Unindo esses dois pontos, ponderamos sobre os acervos de recursos tecnológicos existentes, mesmo cientes de que estes são aperfeiçoados constantemente e de que existem muitas diferenças no universo educacional brasileiro. Tais alterações devem ser levadas em conta, pois o interessante é analisar que as pessoas têm entendimentos diferentes sobre determinado tema, o que é muito bom, pois olhar o mundo confrontando perspectivas enriquece e possibilita a abertura para novos universos. Evidentemente, todas as diferentes visões acerca de um tema devem se fazer presentes em uma lógica aceitável e eticamente possível.

Sob essa ótica, uma certeza se nos apresenta: os professores precisam adotar estratégias de ensino que deem respostas às diversas necessidades e situações de aprendizagem. Não de maneira simplista e improvisada, como se tudo fosse válido, mas voltando-se aos princípios pedagógicos coerentes com o projeto escolar e de vida, para uma formação que dote de autonomia o cidadão de direito.

Para finalizar, esclarecemos que as posições que aqui expomos podem e devem ser questionadas. Este é um dos princípios desta obra: não há uma verdade única ou uma forma ideal de se fazer, ver e dizer as coisas, pois estamos cientes de que somos diferentes, e essa é verdadeiramente nossa maior riqueza.

Capítulo 1
Educação e o papel social da tecnologia assistiva

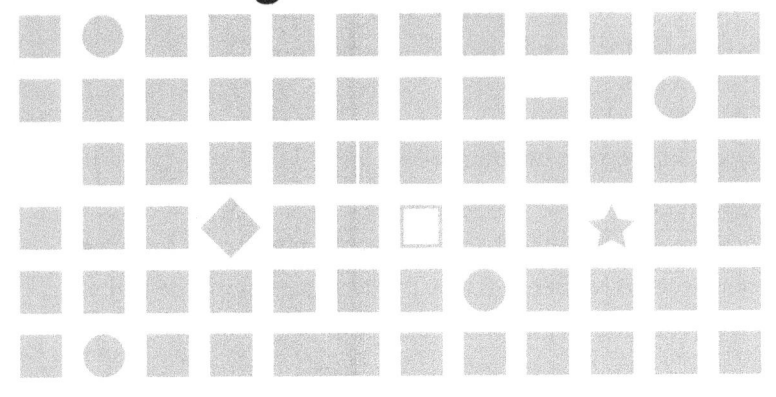

Neste capítulo inaugural, discorreremos sobre o contexto do emprego da tecnologia assistiva. Para isso, enfatizaremos seu papel social e sua relação direta com seus usuários, as pessoas com deficiência, principalmente no ambiente educacional, que é, a princípio, um lugar dos mais democráticos.

Assim, a avaliação do papel social da escola e da inclusão é o eixo que articula todos os demais que compõem este estudo. Da mesma forma, é necessário diferenciar a educação especial da educação inclusiva, termos constantemente vistos como sinônimos, mas que guardam, cada um, sua especificidade.

Para encerrar tais reflexões, vamos relacionar o atendimento educacional especializado e as referências para a construção dos sistemas de ensino inclusivos, sempre buscando fundamentos históricos e legais para sua aplicabilidade.

1.1 O papel social da escola e a inclusão

Sempre que estudamos um assunto, é interessante buscar o significado das palavras a ele relacionadas, mesmo que sejam conhecidas. Neste estudo, é válido, portanto, buscarmos o significado dos termos *educação* e *ensino*:

> educação [...]
> 1 ato ou processo de educar(-se)
> 1.1 qualquer estágio desse processo
> 2 aplicação dos métodos próprios para assegurar a formação e o desenvolvimento físico, intelectual e moral de um ser humano; pedagogia, didática, ensino

3 o conjunto desses métodos; pedagogia, instrução, ensino
4 conhecimento e desenvolvimento resultantes desse processo; preparo
5 desenvolvimento metódico de uma faculdade, de um sentido, de um órgão ‹e. da memória› ‹e. do paladar› ‹e. do intestino›
6 conhecimento e observação dos costumes da vida social; civilidade, delicadeza, polidez, cortesia (IAH, 2019)

ensino [...]
1 transferência de conhecimento, de informação, esp. de caráter geral, na maioria das vezes em local destinado a esse fim (escola, oficina etc.); [...]
2 p.met. o sistema adequado e necessário a essa transferência [...]
3 principal meio de educação [...]
3.1 fino trato; cortesia, civilidade [...]
4 fig. experiência adquirida por meio de fato vivenciado; lição [...]
5 a carreira do magistério, o exercício do professorado [...]
6 repreenda que se faz a alguém sobre incorreção ou inconveniência em seu comportamento, maneira de ser etc.; admoestação, ensinadela, repreensão [...] (IAH, 2019)

Ao analisarmos as definições dos dois termos, percebemos que eles estão interligados. *Educação* é ensino, e o *ensino* tem como objetivo a educação.

Vamos aprofundar nossa pesquisa. O termo *educação* deriva do latim *educatione*, que significa literalmente "trazer para fora". Assim, podemos supor que, ao educar, está-se tirando algo de dentro da pessoa para exteriorizá-lo. Logo, o ato de educar exige uma vontade, um querer de quem o faz.

E aqui cabe outra reflexão interessante. A educação é algo que se realiza entre os seres humanos e as sociedades. Educar também está associado à ideia de preparar alguém para lidar com os outros; se uma pessoa sabe se comportar, tem valores sociais e bons costumes em determinado contexto, ela é considerada educada. Isso é curioso, pois cada cultura tem costumes e valores particulares. Assim, a civilidade é interpretada de forma específica em cada cultura, e a educação é uma variável, ou seja, não tem um padrão universal. Nesse ponto, deve estar claro que a globalização tende a universalizar as tradições, mas as culturas se mantêm mesmo que de forma subjetiva em cada civilização.

Outro par de palavras que se complementam é *educação* e *sociedade*. É senso comum que as organizações sociais são estruturadas sobre padrões mantidos pela educação e que esta é sustentada pelo ensino. Isto é, ao ensinar a educação em determinado espaço social, pretende-se que seus membros conheçam os modos e as maneiras de conviver em sociedade.

Busquemos as definições de mais uma palavra que nos interessa no desenviolvimento deste estudo:

> sociedade [...]
>
> 1 agrupamento de seres que convivem em estado gregário e em colaboração mútua [...]
>
> 2 soc conjunto de pessoas que vivem em certa faixa de tempo e de espaço, seguindo normas comuns, e que são unidas pelo sentimento de grupo; corpo social, coletividade [...]

3 grupo de indivíduos que vivem, por vontade própria, sob normas comuns; comunidade, coletividade [...]
4 ambiente humano em que o indivíduo se encontra integrado [...]
5 relacionamento entre pessoas que vivem em grupo; convivência, contato [...]
6 grupo de pessoas que se submetem a um regulamento a fim de exercer uma atividade comum ou defender interesses comuns; agremiação, grêmio, associação [...] (IAH, 2019)

Em uma organização dinâmica de seres humanos que buscam a civilidade por meio da educação, não existe uma unidade, embora esta seja sempre buscada ou idealizada. Sempre há diferenças entre os elementos do grupo. De tal modo, não devemos tomar todos e tudo como iguais. Todos precisam ter os mesmos acessos, porém, têm o direito de escolher o que fazer com essas possibilidades. Isso traduz verdadeiramente o sentido da **inclusão**.

O papel social da educação é inquestionável, e todos os recursos utilizados para a inclusão são valiosos, seja um simples giz, seja um *software* complexo. A escola é de grande importância para a sociedade. É essa instituição social que deve acolher os mais jovens. De acordo com Frigotto (1999), a escola trabalha com o campo do conhecimento, com os valores e com as atitudes dos alunos, articulando e desarticulando interesses que refletem as preocupações da sociedade. Nesse sentido, a escola é um **espaço de luta de interesses sociais**. Dessa forma, ao pensarmos na função social da escola, estamos refletindo sobre o lugar de seus integrantes, de sua comunidade e de seus atores.

Para começarmos a discutir o papel social da escola e sua relação com a inclusão, recorramos novamente ao dicionário:

inclusão [...]
ato ou efeito de incluir(-se)
1 estado daquilo ou de quem está incluso, inserido, metido, compreendido dentro de algo, ou envolvido, implicado em; introdução de uma coisa em outra, de alguém em um grupo etc. [...]
2 B política de integração plena de um indivíduo ou de um grupo na sociedade através de projetos que visam equacionar as dificuldades e carências que esse indivíduo ou grupo apresenta [...] (IAH, 2019)

A inclusão tem como vertente a abrangência, e isso faz a educação ter, além do papel de socialização, a função de admitir as diferentes culturas, bem como as pessoas que as compõem com suas individualidades, buscando atingir propósitos determinados. Trata-se de uma função complexa, principalmente ao considerarmos os diferentes contextos sociais, econômicos, culturais e políticos das distintas sociedades, sem esquecer que todo esse processo é infinito; afinal, ao acompanhar o desenvolvimento humano, a educação deve ser contínua, permanente e mutável. Assim, a escola inclusiva é aquela que se dispõe a atender à diversidade apresentada pelas necessidades dos alunos nas escolas comuns.

Isso nos remete a uma questão importantíssima. Quem deve se adaptar: a escola ao aluno ou o aluno à escola? A educação inclusiva implica a adequação da escola às crianças e suas diferenças, independentemente de estereótipo de normalidade instituídos pela sociedade.

Dessa forma, quando pensamos a função social da escola e consequentemente da educação, devemos analisar essa instituição, buscando definir como queremos que ela seja. Essa analogia exige um jogo democrático que deve estar embasado na inclusão.

Outra questão de extrema relevância é: Quais são os alunos a serem incluídos? Para responder a essa pergunta, buscamos apoio na Declaração de Jomtien, na Tailândia, elaborada em 1990, reforçada na Declaração de Salamanca, na Espanha, em 1994, na perspectiva de atendimento à diversidade dos alunos: "crianças com deficiência e crianças bem dotadas[1]; crianças que vivem na rua e que trabalham; crianças de populações distantes ou nômades; crianças de minorias linguísticas, étnicas ou culturais, e crianças de outros grupos ou zonas desfavorecidos ou marginalizados" (Unesco, 1994, p. 3).

Nesse documento, então, foi registrada a inclusão de altas habilidades, condutas típicas, diferenças étnicas, entre outras representações distintas. Cabe aqui esclarecer que a definição de portadores de altas habilidades/superdotação se refere aos

> educandos que apresentarem notável desempenho e elevada potencialidade em qualquer dos seguintes aspectos, isolados ou combinados: capacidade intelectual geral; aptidão acadêmica específica; pensamento criativo ou produtivo; capacidade de liderança; talento especial para artes e capacidade psicomotora. (Brasil, 2006e, p. 12)

---

[1] No artigo 5º, inciso III, da Resolução CNE/CEB n. 2, de 11 de setembro de 2001, que estabelece as diretrizes nacionais para a educação especial na educação básica (Brasil, 2001f), utiliza-se a denominação "altas habilidades/superdotação".

Segundo Simonetti (2007, p. 1), sócia-fundadora da Associação Brasileira para Altas Habilidades (ABAHSD), "Superdotação é um conceito que serve para expressar alto nível de inteligência e indica desenvolvimento acelerado das funções cerebrais". Porém, embora alguns possam imaginar que os alunos com altas habilidades/superdotação têm autonomia intelectual e, por isso, não precisam de ajuda, eles, como todos os alunos, precisam de acompanhamento e cuidados.

Dessa forma, independentemente de sua classificação, o trabalho educativo tem como finalidade formar um cidadão livre, consciencioso, responsável e autônomo. Saviani (2000, p. 35) corrobora essa ideia ao questionar "que sentido terá a educação se ela não estiver voltada para a promoção do homem?".

A resposta a esta indagação se encontra no Parecer CNE/CEB n. 17, de 3 de julho de 2001, que afirma haver uma nova abordagem capaz de extrapolar o trabalho pedagógico tradicional da educação especial por trabalhar na perspectiva da inclusão:

> não apenas as dificuldades de aprendizagem relacionadas a condições, disfunções, limitações e deficiências, mas também aquelas não vinculadas a uma causa orgânica específica, considerando que, por dificuldades cognitivas, psicomotoras e de comportamento, alunos são frequentemente negligenciados ou mesmo excluídos dos apoios escolares. (Brasil, 2001g, p. 20)

O mesmo Parecer apresenta como princípios fundamentais a preservação da dignidade humana, a busca da identidade e o exercício da cidadania. Ainda, o documento determina que sejam banidas práticas de exclusão social de seres humanos considerados não produtivos até então. Como exemplo da preservação da dignidade humana, o texto do Parecer cita:

> pode-se registrar o direito à igualdade de oportunidades de acesso ao currículo escolar. Se cada criança ou jovem brasileiro com necessidades educacionais especiais tiver acesso ao conjunto de conhecimentos socialmente elaborados e reconhecidos como necessários para o exercício da cidadania, estaremos dando um passo decisivo para a constituição de uma sociedade mais justa e solidária. (Brasil, 2001g, p. 11)

Por sua vez, com relação à busca da identidade, o Parecer menciona que:

> A consciência do direito de constituir uma identidade própria e do reconhecimento da identidade do outro traduz-se no direito à igualdade e no respeito às diferenças, assegurando oportunidades diferenciadas (equidade), tantas quantas forem necessárias, com vistas à busca da igualdade. O princípio da equidade reconhece a diferença e a necessidade de haver condições diferenciadas para o processo educacional. (Brasil, 2001g, p. 11)

Já no que tange ao exercício da cidadania, o texto do documento apresenta o seguinte tópico:

> Operacionalizar a inclusão escolar – de modo que todos os alunos, independentemente de classe, raça, gênero, sexo, características individuais ou necessidades educacionais especiais, possam aprender juntos em uma escola de qualidade – é o

grande desafio a ser enfrentado, numa clara demonstração de respeito à diferença e compromisso com a promoção dos direitos humanos. (Brasil, 2001g, p. 11)

Dessa forma, fica claro que o papel da escola é voltar-se para a preparação de verdadeiros cidadãos, garantindo, para isso, acesso, participação e aprendizagem de todos os alunos nas escolas, contribuindo para a construção da cultura de valorização das diferenças.

1.2 Educação especial e inclusiva

A educação especial muitas vezes é confundida com a educação inclusiva. Elas são complementares, mas têm características distintas. A educação especial volta-se para a organização dos meios necessários para acrescer os potenciais das pessoas com necessidades educacionais especiais; por sua vez, a educação inclusiva tem como objetivo a ampliação do acesso à sala de aula e a processo pedagógicos convencionais da rede regular de ensino a todas as pessoas. Assim, uma está dentro da outra, mas não são a mesma coisa. Avançamos um pouco mais em nossas reflexões.

Há uma diferença fundamental entre educação especial e educação inclusiva. Lembremos o que o art. 58 da Lei de Diretrizes e Bases da Educação Nacional, n. 9.394, de 20 de dezembro de 1996 (edição atualizada até março de 2017) define a educação especial como a modalidade oferecida para educandos com deficiência, transtornos globais do desenvolvimento e altas habilidades ou superdotação (Brasil, 1996).

Portanto, a educação especial é a modalidade de ensino que se volta aos alunos com necessidades educacionais especiais decorrentes de deficiências físicas, sensoriais, mentais ou múltiplas, bem como aos alunos com altas habilidades/superdotação, sendo que tal educação deve ocorrer preferencialmente na rede regular de ensino. Podemos traduzir tal determinação como a aceitação de alunos especiais em salas de aulas comuns, ponderando-se a possibilidade de adaptação de tais alunos ao ambiente das escolas. Porém, a inclusão é muito mais que isso.

De acordo com a Política Nacional de Educação Especial na Perspectiva da Educação Inclusiva (Brasil, 2008b, p. 5):

> A educação inclusiva constitui um paradigma educacional fundamentado na concepção de direitos humanos, que conjuga igualdade e diferença como valores indissociáveis, e que avança em relação à ideia de equidade formal ao contextualizar as circunstâncias históricas da produção da exclusão dentro e fora da escola.

A inclusão pressupõe a escola em sua totalidade sabedora e disposta a atender a diversidade de todos os alunos, dentre eles, os especiais. Logo, seu fazer inclusivo ultrapassa a preocupação com estratégias de ensino, adaptações físicas e pessoas ou espaços especiais de atendimento. Isso tudo é necessário, mas, ao incluir, cria-se uma **cultura de respeito a todas as diferenças**.

De acordo como o Parecer CNE/CEB n. 17/2001, "Hoje, a legislação brasileira posiciona-se pelo atendimento dos alunos com necessidades educacionais especiais preferencialmente em classes comuns das escolas, em todos os níveis, etapas e modalidades de educação e ensino" (Brasil, 2001g, p. 8). Todavia, a escola inclusiva extrapola essas indicações; ela deve estar preparada para atender e adaptar-se aos alunos, e não o contrário, sejam eles quem e como forem.

Ainda de acordo com o texto do Parecer:

> Em vez de focalizar a deficiência da pessoa, enfatiza o ensino e a escola, bem como as formas e condições de aprendizagem; em vez de procurar, no aluno, a origem de um problema, define-se pelo tipo de resposta educativa e de recursos e apoios que a escola deve proporcionar-lhe para que obtenha sucesso escolar; por fim, em vez de pressupor que o aluno deve ajustar-se a padrões de "normalidade" para aprender, aponta para a escola o desafio de ajustar-se para atender à diversidade de seus alunos. (Brasil, 2001g, p. 15)

E ao considerar a referida relação entre educação e sociedade, a escola inclusiva não pode esquecer que seu papel é a inserção do aluno em uma sociedade com a qual ele fará trocas de aprendizagem e ensinamentos e pela qual será modificado e, ao mesmo tempo, será também modificador de seu espaço. Isso vai além de normas preestabelecidas e limites postos pelas diferenças existentes, pois cabe à escola voltar-se para a formação do cidadão com deveres e direitos esclarecidos e usufruídos plenamente.

Dessa forma, segundo a lei, a educação brasileira está fundamentada na inclusão, pois segue os preceitos das já citadas Declaração Mundial de Educação para Todos, firmada em Jomtien, na Tailândia, em 1990, bem como os postulados produzidos em Salamanca, na Conferência Mundial sobre Necessidades Educacionais Especiais: Acesso e Qualidade, ocorrida na Espanha, em 1994.

A seguir apresentamos os preceitos contidos na declaração e que se referem especificamente à tecnologia assistiva:

- todas as crianças, de ambos os sexos, têm direito fundamental à educação, e que a elas deva ser dada a oportunidade de obter e manter um nível aceitável de conhecimentos;
- cada criança tem características, interesses, capacidades e necessidades de aprendizagem que lhe são próprios;
- os sistemas educativos devem ser projetados e os programas aplicados de modo que tenham em vista toda a gama dessas diferentes características e necessidades;
- as pessoas com necessidades educacionais especiais devem ter acesso às escolas comuns que deverão integrá-las numa pedagogia centralizada na criança, capaz de atender a essas necessidades;

[...]

- adotar, com força de lei ou como política, o princípio da educação integrada que permita a matrícula de todas as crianças em escolas comuns, a menos que haja razões convincentes para o contrário;

[...]

3. [...] as escolas devem acolher todas as crianças independentemente de suas condições físicas, intelectuais, sociais, emocionais, linguísticas ou outras.

[...]

7. O princípio fundamental que rege as escolas integradoras é que todas as crianças, sempre que possível, devem aprender juntas, independentemente de suas dificuldades e diferenças.

[...]

8. Nas escolas integradoras, crianças com necessidades educativas especiais devem receber todo apoio adicional necessário para garantir uma educação eficaz.

[...]

32. A alunos com necessidades educativas especiais deverá ser dispensado apoio contínuo, desde a ajuda mínima nas classes comuns até a aplicação de programas suplementares de apoio pedagógico na escola, ampliando-os, quando necessário, para receber a ajuda de professores especializados e de pessoal de apoio externo.

[...]

35. Os administradores locais e os diretores de estabelecimentos escolares [...] devem ser convidados a criar procedimentos de gestão mais flexíveis, a remanejar os recursos pedagógicos, diversificar as opções educativas [...] e estabelecer relações com pais e a comunidade. (Unesco, 1994, p. 1-9)

Essas são algumas determinações que buscam a igualdade de oportunidade e a valorização da diversidade no processo educativo.

1.3 Atendimento educacional especializado

Sabemos que há vários problemas na organização escolar de nosso país. Nem toda escola regular está verdadeiramente preparada para receber a diversidade de alunos existentes e incluí-los efetivamente. Partimos do princípio de que está previsto na Constituição de 1988 o atendimento educacional especializado à educação especial. Em seu art. 208, inciso III, a Constituição determina que esse atendimento ocorra, preferencialmente, na rede regular de ensino (Brasil, 1988).

Em 2009, foi homologado o Parecer CNE/CEB n. 13, de 3 de junho de 2009, que também versa sobre as diretrizes operacionais para o atendimento educacional especializado para os alunos com deficiência, transtornos globais do desenvolvimento e altas habilidades ou superdotação matriculados em classes regulares e no atendimento educacional especializado. Esse parecer regulamenta o Decreto n. 6.571, 17 de setembro de 2008 (Brasil, 2008a), que dispõe sobre o apoio técnico e financeiro da União aos sistemas públicos de ensino nos estados, Distrito Federal e municípios para expandir a oferta do atendimento educacional especializado. Esse decreto foi revogado pelo Decreto n. 7.611, de 17 de novembro de 2011, que, por sua vez, "Dispõe sobre a educação especial, o atendimento educacional especializado e dá outras providências" (Brasil, 2011a).

O atendimento educacional especializado (AEE) é um serviço oferecido em escolas comuns para atender às especificidades e complementar a educação escolar dos alunos da educação especial. As atividades promovidas pelo AEE acontecem em salas de recursos multifuncionais (SRMF). A organização e a administração desses espaços são de responsabilidade da gestão escolar.

As SRMF são espaços dentro das escolas públicas preparadas para acolher no contraturno os alunos da educação especial. Elas devem contar com mobiliário, recursos de acessibilidade, equipamentos e materiais didáticos pedagógicos para atendimentos específicos. O atendimento deve ser feito por um professor com formação em educação especial.

Assim, o AEE faz mais que complementar ou ajudar nas atividades escolares. Ele analisa as dificuldades e facilidades dos alunos e, com isso, procura recursos para a ascensão e o aumento das possibilidades de acompanhamento das aulas regulares. Em outras palavras, o AEE é um serviço da educação especial que "identifica, elabora, e organiza recursos pedagógicos e de acessibilidade que eliminem as barreiras para a plena participação dos alunos, considerando suas necessidades específicas" (Brasil, 2008b, p. 16).

No AEE, o professor, com o aluno, faz um atendimento voltado para a necessidade dele. Para isso, é necessário proceder à identificação das barreiras postas no contexto educacional comum. Assim, o professor fará a identificação das dificuldades apresentadas pelo aluno e das suas habilidades com o intuito de implementar recursos ou estratégias que serão apreendidos pelos alunos. Tais ferramentas deverão ser usadas não só na escola, mas em outros lugares em que o aluno necessite delas.

Alguns exemplos das atividades desenvolvidas na SRMF são: o ensino da Língua Brasileira de Sinais (Libras) e do código braille; o conhecimento e o uso da tecnologia assistiva; a comunicação alternativa; orientação e mobilidade; preparação de material didático acessível; adequação postural, além de outras ocorrências que atendam às diferenças apresentadas pelos alunos. A esse respeito, vale analisarmos o seguinte comentário sobre a Libras:

Segundo Capovilla [comunicação pessoal], '**Língua de Sinais Brasileira** é preferível a **Língua Brasileira de Sinais** por uma série imensa de razões. Uma das mais importantes é que **Língua de Sinais** é uma unidade, que se refere a uma modalidade linguística quiroarticulatória-visual e não oroarticulatória-auditiva. Assim, há **Língua de Sinais Brasileira** porque é a **língua de sinais** desenvolvida e empregada pela comunidade surda brasileira. Não existe uma **Língua Brasileira**, de sinais ou falada. (Sassaki, 2019, p. 5, grifo do original)

Com relação ao intérprete de Libras, Sassaki (2019, p. 5, grifo do original) esclarece como devemos nos referir a esse profissional:

> TERMO CORRETO: **intérprete da Libras (ou de Libras) Libras é sigla de Língua de Sinais Brasileira**: 'Libras é um termo consagrado pela comunidade surda brasileira, e com o qual ela se identifica. Ele é consagrado pela tradição e é extremamente querido por ela. A manutenção deste termo indica nosso profundo respeito para com as tradições deste povo a quem desejamos ajudar e promover, tanto por razões humanitárias quanto de consciência social e cidadania.

Além disso, há algumas modalidades mais específicas de atendimento, como a comunicação alternativa, destinadas a alunos com prejuízo da comunicação, oral ou escrita. Para tais casos, são elaborados, de forma personalizada, recursos de comunicação alternativos, como pranchas de comunicação no formato digital, vocalizações e impressos que atendam às carências apresentadas.

No tocante ao uso de equipamentos como computadores, quando há dificuldades motoras em manejo de teclado e de *mouse*, podem ser desenvolvidos diferentes formatos ou acionadores adaptados para uso com os lábios, movimentos da cabeça, mãos, pés ou movimentos oculares, assim como *softwares* e aplicativos para acessibilidade.

Da mesma forma, os materiais escolares devem ser adaptados para as diferentes necessidades dos alunos que fazem uso de órteses ou recursos que auxiliam o registro de escrita, leitura e compreensão de conceitos em textos impressos, tais como: adaptadores para lápis, canetas, borrachas, apontadores, tesouras e outros recursos didáticos adaptados.

Deve haver uma preocupação com a adequação postural e a mobilidade do aluno em sala de aula. Para os usuários de cadeiras de rodas, por exemplo, é imprescindível a verificação do conforto, do alinhamento, da estabilidade e da boa postura do educando, assim como dos espaços necessários para os movimentos básicos com a cadeira em toda a escola, buscando-se a mobilidade autônoma ou assistida sempre que possível.

Percebemos, assim, que há uma relação muito próxima entre a SRMF e a tecnologia assistiva, pois esta se refere a um recurso ou estratégia que busca aumentar ou possibilitar a execução de uma atividade de uma pessoa com deficiência em diversas atividades do cotidiano escolar, voltada para os objetivos educacionais comuns. Podemos notar também que a tecnologia assistiva e a sala de recursos devem estar alinhadas a várias áreas do conhecimento para atingir seus objetivos, "tais como a saúde, a reabilitação, a educação, o design, a arquitetura, a engenharia, a informática, entre outras" (Sartoretto; Bersch, 2019b).

Por fim, os serviços de tecnologia assistiva contam com a contribuição de profissionais de diversas áreas, como fisioterapeutas, terapeutas ocupacionais, fonoaudiólogos, psicólogos, enfermeiros, médicos e técnicos de muitas outras especialidades.

1.4 Legislação e atuação da tecnologia assistiva

A inclusão começa com o conhecimento, e um verdadeiro cidadão se faz com a vigência de seus direitos e deveres. Assim, para a formação de um cidadão pleno, é necessário que ele conheça as determinações legais que dão suporte a seus direitos historicamente construídos.

Em virtude de a legislação constituir-se de textos densos e cheios de nuances, acreditamos que uma organização didática das determinações legais em forma de lista é mais produtiva, visto que elas não devem ser decoradas, mas conhecidas e consultadas quando necessário. Entendemos, também, que uma organização cronológica mostrará a evolução do processo de inclusão na história do país. Por isso, listamos, a seguir, as principais leis que respaldam a atuação da tecnologia assistiva:

1985
- Lei n. 7.405, de 12 de novembro: "Torna obrigatória a colocação do 'Símbolo Internacional de Acesso' em todos os locais e serviços que permitam sua utilização por pessoas portadoras de deficiência e dá outras providências" (Brasil, 1985).

1988
- Constituição da República Federativa do Brasil: Trata da igualdade formal em relação ao grupo de pessoas com deficiência. O texto se refere especialmente ao campo do trabalho e dedica vários artigos para os alunos da educação especial (Brasil, 1988).

1989
- Lei n. 7.853, de 24 de outubro: "Dispõe sobre o apoio às pessoas com deficiência, sua integração social, sobre a Coordenadoria para a Integração da Pessoa Portadora de Deficiência – Corde, institui a tutela jurisdicional de interesses coletivos ou difusos dessas pessoas, disciplina a atuação do Ministério Público, define crimes e dá outras providências" (Brasil, 1989).

1990
- Lei n. 8.069, de 13 de julho: "Dispõe sobre o Estatuto da Criança e do Adolescente e dá outras providências" (Brasil, 1990a). No que diz respeito à educação especial, o art. 54, inciso III, traz o seguinte texto: "atendimento educacional especializado aos portadores de deficiência, preferencialmente na rede regular de ensino" (Brasil, 1990a).

1991
- Lei n. 8.160, de 8 de janeiro: "Dispõe sobre a caracterização de símbolo que permita a identificação de pessoas portadoras de deficiência auditiva" (Brasil, 1991b).
- Lei Estadual n. 10.397, de 10 de janeiro: "Reconhece oficialmente, no Estado de Minas Gerais, como meio de comunicação objetiva e de uso corrente, a linguagem gestual codificada na Língua Brasileira de Sinais – Libras" (Minas Gerais, 1991).

- Decreto n. 129, de 22 de maio: "Promulga a Convenção n° 159, da Organização Internacional do Trabalho – OIT, sobre Reabilitação Profissional e Emprego de Pessoas Deficientes"[2] (Brasil, 1991a).
- Lei n. 8.199, de 28 de junho: "Concede isenção do Imposto sobre Produtos Industrializados (IPI) na aquisição de automóveis para utilização no transporte autônomo de passageiros, bem como por pessoas portadoras de deficiência física e aos destinados ao transporte escolar, e dá outras providências" (Brasil, 1991c). Essa lei passou por diversas revogações até a publicação da Lei n. 10.754, de 31 de outubro de 2003 (Brasil, 2003c), cujo texto legal vigora até hoje.

1994
- Declaração De Salamanca, de 7 a 10 de junho: Sobre princípios, política e prática em educação especial (Unesco, 1994).

1995
- Lei n. 8.989, de 24 de fevereiro: "Dispõe sobre a isenção do Imposto sobre Produtos Industrializados – IPI, na aquisição de automóveis para utilização no transporte autônomo de passageiros, bem como por pessoas portadoras de deficiência física" (Brasil, 1995b).
- Lei n. 9.045, de 18 de maio: "Autoriza o Ministério da Educação e do Desporto e o Ministério da Cultura a disciplinarem a obrigatoriedade de reprodução, pelas editoras de todo o País, em regime de proporcionalidade, de obras em caracteres Braille, e a permitir a reprodução, sem finalidade lucrativa, de obras já divulgadas, para uso exclusivo de cegos" (Brasil, 1995c).

2 Alguns profissionais, não familiarizados com a área da reabilitação, pensam que as deficiências físicas se dividem em motoras, visuais, auditivas e mentais. Para eles, o termo *deficientes físicos* se refere a todas as pessoas que têm deficiência de qualquer tipo (Sassaki, 2019), o que é um equívoco. A deficiência física, propriamente dita, consiste na "alteração completa ou parcial de um ou mais segmentos do corpo humano, acarretando o comprometimento da função física, apresentando-se sob a forma de paraplegia, paraparesia, monoplegia, monoparesia, tetraplegia, tetraparesia, triplegia, triparesia, hemiplegia, hemiparesia, ostomia, amputação ou ausência de membro, paralisia cerebral, nanismo, membros com deformidade congênita ou adquirida, exceto as deformidades estéticas e as que não produzam dificuldades para o desempenho de funções" (Brasil, 2004a).

1996
- Lei n. 9.394, de 20 de dezembro de 1996: "Estabelece as diretrizes e bases da educação nacional" (Brasil, 1996). O Capítulo V versa somente sobre a educação especial.

1999
- Portaria n. 319, de 26 de fevereiro: Institui a Comissão Brasileira do Braille (Brasil, 1999b).
- Convenção da Guatemala, de 28 de maio: Convenção que teve por objetivo mitigar as possíveis formas de discriminação contra as pessoas com deficiência, favorecendo sua integração plena à sociedade.
- Portaria MS/SAS n. 388, de 28 de julho: Estabelece que as empresas de ortopedias técnicas, fornecedoras de órteses e próteses ambulatoriais, devem oferecer garantia para o material fornecido. Institui normas básicas de confecção dos equipamentos (Brasil, 1999d).
- Declaração de Washington, de 21 a 25 de setembro: reunião com líderes do Movimento de Direitos das Pessoas com Deficiência e de Vida Independente dos 50 países participantes da Conferência de Cúpula Perspectivas Globais sobre Vida Independente para o Próximo Milênio.
- Decreto n. 3.298, de 20 de dezembro: "Regulamenta a Lei no 7.853, de 24 de outubro de 1989, dispõe sobre a Política Nacional para a Integração da Pessoa Portadora de Deficiência, consolida as normas de proteção, e dá outras providfências" (Brasil, 1999a). Utiliza o termo *ajudas técnicas*.

2000
- Declaração de Pequim, de 10 a 12 de março: Reunião realizada em Pequim com vistas ao desenvolvimento de uma estratégia para o novo século objetivando a participação plena e a igualdade das pessoas com deficiência.
- Portaria n. 554, de 26 de abril: "Aprova o Regulamento Interno da Comissão Brasileira do Braille" (Brasil, 2000d).
- Decreto n. 3.691, de 19 de dezembro: "Regulamenta a Lei n. 8.899, de 29 de junho de 1994, que dispõe sobre o transporte de pessoas portadoras de deficiência no sistema de transporte coletivo interestadual" (Brasil, 2000a).
- Lei n. 10.098, de 19 de dezembro: "Estabelece normas gerais e critérios básicos para a promoção da acessibilidade das pessoas portadoras de deficiência ou com mobilidade reduzida" (Brasil, 2000c).

2001
- Lei n. 10.182, de 12 de fevereiro: "Restaura a vigência da Lei nº 8.989, de 24 de fevereiro de 1995, que dispõe sobre a isenção do Imposto sobre Produtos Industrializados (IPI) na aquisição de automóveis destinados ao transporte autônomo de passageiros e ao uso de portadores de deficiência física, reduz o imposto de importação para os produtos que especifica, e dá outras providências" (Brasil, 2001b).
- Declaração Internacional de Montreal sobre Inclusão, aprovada no dia 5 de junho pelo Congresso Internacional Sociedade Inclusiva.
- Decreto n. 3.956, de 8 de outubro: "Promulga a Convenção Interamericana para a Eliminação de Todas as Formas de Discriminação contra as Pessoas Portadoras de Deficiência" (Brasil, 2001a).

2002
- Resolução RDC Anvisa, n. 50, de 21 de fevereiro: "Dispõe sobre o Regulamento Técnico para planejamento, programação, elaboração e avaliação de projetos físicos de estabelecimentos assistenciais de saúde" (Brasil, 2002c).
- Lei n. 10.436, de 24 de abril: "Dispõe sobre a Língua Brasileira de Sinais – Libras" (Brasil, 2002a).

2003
- Lei n. 10.690, de 16 de junho: "Reabre o prazo para que os Municípios que refinanciaram suas dívidas junto à União possam contratar empréstimos ou financiamentos, dá nova redação à Lei n. 8.989, de 24 de fevereiro de 1995, e dá outras providências" (Brasil, 2003a).

2004
- Lei n. 10.845, de 5 de março: "Institui o Programa de Complementação ao Atendimento Educacional Especializado às Pessoas Portadoras de Deficiência, e dá outras providências" (Brasil, 2004b).
- Decreto Municipal n. 45.122, de 12 de agosto: Dispõe sobre a "adequação das edificações à acessibilidade das pessoas com deficiência ou com mobilidade reduzida" (São Paulo, 2004).
- Cartilha Sobre os Direitos do Cidadão, publicada no mês de Setembro: Cartilha da Procuradoria Federal dos Direitos do Cidadão. Prevê o acesso de alunos com deficiência às escolas e classes comuns da rede regular.

- Decreto n. 5.296, de 2 de dezembro: "dá prioridade de atendimento às pessoas que especifica, e 10.098, de 19 de dezembro de 2000, que estabelece normas gerais e critérios básicos para a promoção da acessibilidade das pessoas portadoras de deficiência ou com mobilidade" (Brasil, 2004a).

2005

- Lei n. 11.126, de 27 de junho: "Dispõe sobre o direito do portador de deficiência visual de ingressar e permanecer em ambientes de uso coletivo acompanhado de cão-guia" (Brasil, 2005b).
- Lei n. 11.133, de 14 de julho: "Institui o Dia Nacional de Luta da Pessoa Portadora de Deficiência" (Brasil, 2005c).
- Ministério da Ciência e Tecnologia publica em setembro a Chamada Pública MCT/FINEP/Ação Transversal Tecnologias Assistiva, Brasília: Seleção de propostas de apoio a projetos de pesquisa e desenvolvimento de tecnologias assistiva para a inclusão social de pessoas portadoras de deficiência e de idosos.
- Decreto n. 5.626, de 22 de dezembro: "Regulamenta a Lei n. 10.436, de 24 de abril de 2002, que dispõe sobre a Língua Brasileira de Sinais – Libras, e o art. 18 da Lei n. 10.098, de 19 de dezembro de 2000" (Brasil, 2005a).

2006

- Portaria Anatel n. 263, de 27 de abril: institui o Programa de Atendimento às Pessoas com Deficiência, disponibilizando "acessos individuais a serviços de telecomunicações e equipamentos terminais de interface às pessoas com deficiência" (Brasil, 2006a).
- Lei n. 11.307, de 19 de maio: "isenção do Imposto sobre Produtos Industrializados – IPI, na aquisição de automóveis para utilização no transporte autônomo de passageiros, bem como por pessoas portadoras de deficiência física" (Brasil, 2006c).
- Decreto n. 5.904, de 21 de setembro: "Regulamenta a Lei n. 11.126, de 27 de junho de 2005, que dispõe sobre o direito da pessoa com deficiência visual de ingressar e permanecer em ambientes de uso coletivo acompanhada de cão-guia" (Brasil, 2006b).

2011
- Resolução CD/FNDE n. 27, de 2 de junho: "Dispõe sobre a destinação de recursos financeiros [...] a escolas públicas municipais, estaduais e do Distrito Federal da educação básica, com matrículas de alunos público alvo da educação especial em classes comuns do ensino regular, que tenham sido contempladas com salas de recursos multifuncionais em 2009 e integrarão o Programa Escola Acessível em 2011" (Brasil, 2011d).

2012
- Lei n. 12.715, de 17 de setembro: "institui o Programa de Incentivo à Inovação Tecnológica e Adensamento da Cadeia Produtiva de Veículos Automotores" (Brasil, 2012b).
- Portaria MCTI n. 139, de 23 de fevereiro: Lançamento do Programa Viver sem Limite, pela Presidência da República, que colocou a inclusão de pessoas com deficiência na pauta de uma variedade de instituições públicas (Brasil, 2012d).

2015
- Lei n. 13.146, de 6 de julho: "Institui a Lei Brasileira de Inclusão da Pessoa com Deficiência" (Brasil, 2015).
- Norma Brasileira NBR 9050: "Acessibilidade a edificações, mobiliário, espaços e equiamentos urbanos" (ABNT, 2015).

2017
- Decreto n. 8.954, de 10 de janeiro: "Institui o Comitê do Cadastro Nacional de Inclusão da Pessoa com Deficiência e da Avaliação Unificada da Deficiência e dá outras providências". O art. 6º traz o seguinte texto: "O Comitê [...] poderá convidar representantes de outros órgãos e entidades, públicos e privados, e especialistas em assuntos relacionados às suas competências" (Brasil, 2017a).

Essa visão histórica da legislação[3] voltada à pessoa com deficiência evidencia um percurso significativo da construção do que há atualmente. Você pode consultar também outras legislaçoes voltadas à inclusão no Apêndice 1 desta obra.

---

3   A maioria dessas leis está disponível nos formatos HTML, DOC, EPUB, MOBI e PDF.

1.5 Referências para a construção dos sistemas de ensino inclusivos

Salientamos a importância dos direitos fundamentais de igualdade e liberdade e do exercício de cidadania declarados na Constituição Federal do Brasil. Nela, há uma seção especificamente reservada à educação – a Seção I, do Capítulo III: "Da Educação, da Cultura e do Desporto". O texto do art. 205 assegura: "A educação, direito de todos e dever do Estado e da família, será promovida e incentivada com a colaboração da sociedade, visando ao pleno desenvolvimento da pessoa, seu preparo para o exercício da cidadania e sua qualificação para o trabalho" (Brasil, 1988).

A seguir, apresentamos os artigos da Constituição (Brasil, 1988) voltados para alunos da educação especial. Observe que o texto legal consagra o **princípio da dignidade da pessoa humana**:

- Art. 7º, inciso XXXI: "proibição de qualquer discriminação no tocante a salário e critérios de admissão do trabalhador portador de deficiência".
- Art. 23, inciso II: "cuidar da saúde e assistência pública, da proteção e garantia das pessoas portadoras de deficiência".
- Art. 24, inciso XIV: "proteção e integração social das pessoas portadoras de deficiência".
- Art. 37, inciso VIII: "a lei reservará percentual dos cargos e empregos públicos para as pessoas portadoras de deficiência e definirá os critérios de sua admissão".

Em 2005, a emenda deu preferência de pagamentos, dentre outras categorias, às pessoas com deficiência:

> Art. 100. Os pagamentos devidos pelas Fazendas Públicas Federal, Estaduais, Distrital e Municipais, em virtude de sentença judiciária, far-se-ão exclusivamente na ordem cronológica de apresentação dos precatórios e à conta dos créditos respectivos, proibida a designação de casos ou de pessoas nas dotações orçamentárias e nos créditos adicionais abertos para este fim. [...]
>
> § 2º Os débitos de natureza alimentícia cujos titulares, originários ou por sucessão hereditária, tenham 60 (sessenta) anos de idade, ou seja portadores de doença grave, ou pessoas com deficiência, assim definidos na forma da Lei, serão pagos com preferência sobre todos os demais débitos, até o valor equivalente ao triplo fixado em Lei para os fins do disposto no § 3º deste artigo, admitido o fracionamento para essa finalidade, sendo que o restante será pago na ordem cronológica de apresentação do precatório. (Redação dada pela Emenda Constitucional nº 94, de 2016). (Brasil, 1988)

Em 2016, foi acrescentada a seguinte emenda, que instituiu algumas modificações com relação ao regime de pagamento de precatórios:

> Art. 102. Enquanto viger o regime especial previsto nesta Emenda Constitucional, pelo menos 50% (cinquenta por cento) dos recursos que, nos termos do art. 101 deste Ato das Disposições Constitucionais Transitórias, forem destinados ao pagamento dos precatórios em mora serão utilizados no

pagamento segundo a ordem cronológica de apresentação, respeitadas as preferências dos créditos alimentares, e, nessas, as relativas à idade, ao estado de saúde e à deficiência, nos termos do § 2º do art. 100 da Constituição Federal, sobre todos os demais créditos de todos os anos. (Incluído pela Emenda Constitucional nº 94, de 2016). (Brasil, 1988)

Com relação à aposentadoria e à contribuição à seguridade social, o texto legal estabelece, no art. 201, § 1º, que:

> É vedada a adoção de requisitos e critérios diferenciados para a concessão de aposentadoria aos beneficiários do regime geral de previdência social, ressalvados os casos de atividades exercidas sob condições especiais que prejudiquem a saúde ou a integridade física e quando se tratar de segurados portadores de deficiência, nos termos definidos em lei complementar. (Brasil, 1988)

Sobre a assistência social e a garantia de salário mínimo, a Constituição apresenta, em seu art. 203:

> Art. 203. A assistência social será prestada a quem dela necessitar, independentemente de contribuição à seguridade social, e tem por objetivos:
> [...]
> IV – a habilitação e reabilitação das pessoas portadoras de deficiência e a promoção de sua integração à vida comunitária;
> V – a garantia de um salário mínimo de benefício mensal à pessoa portadora de deficiência e ao idoso que comprovem não possuir meios de prover à própria manutenção ou de tê-la provida por sua família, conforme dispuser a lei. (Brasil, 1988)

A respeito da acessibilidade, a Constituição Federal postula:

> Art. 244. A lei disporá sobre a adaptação dos logradouros, dos edifícios de uso público e dos veículos de transporte coletivo atualmente existentes a fim de garantir acesso adequado às pessoas portadoras de deficiência, conforme o disposto no art. 227, § 2°. (Brasil, 1988)

A Constituição ainda se volta para a educação em seu art. 208, que trata do atendimento especializado na rede regular de ensino:

> Art. 208. O dever do Estado com a educação será efetivado mediante a garantia de: [...]
> III – atendimento educacional especializado aos portadores de deficiência, preferencialmente na rede regular de ensino. (Brasil, 1988)

Por sua vez, o art. 227 afirma a absoluta prioridade de crianças, adolescentes e jovens, ressaltando a necessidade da criação de programas de prevenção e atendimento especializado:

> Art. 227. É dever da família, da sociedade e do Estado assegurar à criança, ao adolescente e ao jovem, com absoluta prioridade, o direito à vida, à saúde, à alimentação, à educação, ao lazer, à profissionalização, à cultura, à dignidade, ao respeito, à liberdade e à convivência familiar e comunitária, além de colocá-los a salvo de toda forma de negligência, discriminação, exploração, violência, crueldade e opressão. (Redação dada Pela Emenda Constitucional n° 65, de 2010).
> [...]

II – criação de programas de prevenção e atendimento especializado para as pessoas portadoras de deficiência física, sensorial ou mental, bem como de integração social do adolescente e do jovem portador de deficiência, mediante o treinamento para o trabalho e a convivência, e a facilitação do acesso aos bens e serviços coletivos, com a eliminação de obstáculos arquitetônicos e de todas as formas de discriminação. (Redação dada Pela Emenda Constitucional nº 65, de 2010)

§ 2º A Lei disporá sobre normas de construção dos logradouros e dos edifícios de uso público e de fabricação de veículos de transporte coletivo, a fim de garantir acesso adequado às pessoas portadoras de deficiência. (Brasil, 1988)

A respeito do termo *portadores de deficiência física, sensorial e mental*, é importante ressaltar que a partir da Declaração de Montreal sobre Deficiência Intelectual, aprovada em 6 de outubro pela Organização Mundial da Saúde (OMS), em conjunto com a Organização Pan-Americana de Saúde (Opas), o termo *deficiência mental* passou a ser *deficiência intelectual* (Sassaki, 2019).

Para efetivar tais determinações da Constituição Federal de 1988, foi apresentada a já citada Lei n. 9.394/1996 – Lei de Diretrizes e Bases da Educação (LDB). Em seu art. 58, o texto legal define a educação especial, dando acatamento aos alunos com necessidades especiais, que até então eram atendidos em instituições especializadas:

> Art. 58. Entende-se por educação especial, para os efeitos desta Lei, a modalidade de educação escolar, oferecida preferencialmente na rede regular de ensino, para educandos com

deficiência, transtornos globais do desenvolvimento e altas habilidaes ou superdotação. (Redação dada pela Lei nº 12.796, de 2013)

§ 1º Haverá, quando necessário, serviços de apoio especializado, na escola regular, para atender às peculiaridades da clientela de educação especial.

§ 2º O atendimento educacional será feito em classes, escolas ou serviços especializados, sempre que, em função das condições específicas dos alunos, não for possível a sua integração nas classes comuns do ensino regular.

§ 3º A oferta da educação especial [...] tem início na educação infantil e estende-se ao longo da vida [...]. (Brasil, 1996)

No art. 59, a LDB afiança que os sistemas de ensino garantirão aos alunos com necessidades educacionais especiais currículos, métodos, técnicas, recursos educativos e organização específica:

Art. 59. Os sistemas de ensino assegurarão aos educandos com deficiência, transtornos globais do desenvolvimento e altas habilidades ou superdotação: (Redação dada pela Lei nº 12.796, de 2013)

I – currículos, métodos, técnicas, recursos educativos e organização específicos, para atender às suas necessidades;

II – terminalidade específica para aqueles que não puderem atingir o nível exigido para a conclusão do ensino fundamental, em virtude de suas deficiências, e aceleração para concluir em menor tempo o programa escolar para os superdotados;

III – professores com especialização adequada em nível médio ou superior, para atendimento especializado, bem como professores do ensino regular capacitados para a integração desses educandos nas classes comuns;

IV – educação especial para o trabalho, visando a sua efetiva integração na vida em sociedade, inclusive condições adequadas para os que não revelarem capacidade de inserção no trabalho competitivo, mediante articulação com os órgãos oficiais afins, bem como para aqueles que apresentam uma habilidade superior nas áreas artística, intelectual ou psicomotora;

V – acesso igualitário aos benefícios dos programas sociais suplementares disponíveis para o respectivo nível do ensino regular. (Brasil, 1996)

No art. 60, o texto legal prevê a adoção da ampliação do atendimento aos alunos da educação especial na rede regular:

> Art. 60. Os órgãos normativos dos sistemas de ensino estabelecerão critérios de caracterização das instituições privadas sem fins lucrativos, especializadas e com atuação exclusiva em educação especial, para fins de apoio técnico e financeiro pelo Poder Público.
> Parágrafo único. O poder público adotará, como alternativa preferencial, a ampliação do atendimento aos educandos com deficiência, transtornos globais do desenvolvimento e altas habilidades ou superdotação na própria rede pública regular de ensino, independentemente do apoio às instituições previstas neste artigo. (Brasil, 1996)

A análise dos artigos citados evidencia que a LDB muda o conceito, agregando-lhe um viés inteiramente pedagógico – "modalidade de educação escolar oferecida preferencialmente na rede regular de ensino, para educandos com deficiência, transtornos globais do desenvolvimento e altas habilidades ou superdotação" (Brasil, 1996) – e incluindo importantes dispositivos sobre o atendimento educacional e dos serviços especializados, abrindo campo para novas determinações.

Uma prova disso foi a publicação do Estatuto da Pessoa com Deficiência (Lei n. 13.146/2015), também conhecida como Lei Brasileira da Inclusão da Pessoa com Deficiência, elaborada pelo Congresso Nacional a pedido da Convenção da ONU, a fim de se organizar uma normativa legal para essa parcela da população. O estatuto alterou substancialmente artigos do Código Civil e o sistema de curatela. A lei voltou-se para a inclusão com fundamentos de equalização de direitos e não discriminação: No art. 2º da referida lei está expresso:

> Art. 2º Considera-se pessoa com deficiência aquela que tem impedimento de longo prazo de natureza física, mental, intelectual ou sensorial, o qual, em interação com uma ou mais barreiras, pode obstruir sua participação plena e efetiva na sociedade em igualdade de condições com as demais pessoas. (Brasil, 2015)

Assim, a premissa da dignidade-vulnerabilidade foi substituída pelo pricípio da dignidade-igualdade. Entretanto, devemos lembrar que um dos grandes problemas da sociedade brasileira é a ausência de consciência e de efetivação das leis. Isso é ainda mais evidente quando elas se voltam às pessoas com deficiência, considerando sua autonomia, sua acessibilidade, enfim, seu espaço físico e social livre de discriminação.

Diante disso, o Estatuto da Pessoa com Deficiência consolidou as premissas da Convenção das Nações Unidas sobre os Direitos das Pessoas com Deficiência (CDPC). Esse texto legal é um instrumento de defesa e proteção da dignidade da pessoa com deficiência e aponta para a necessidade da inclusão social e dos diretos à cidadania plena e efetiva.

A natureza do Estatuto da Pessoa com Deficiência aciona um modelo social sugerido pelos direitos humanos, minimizando as barreiras de exclusão da pessoa com necessidade especial na comunidade de forma independente e com igualdade no exercício da capacidade jurídica. O referido documento esclarece que a pessoa com deficiência é plena em capacidade civil em vários aspectos, tais como constituir uma união estável, formar uma família, ter direito de guarda e tutela igualmente como as demais pessoas etc. No art. 84 da Lei n. 13.146/2015 está expresso: "A pessoa com deficiência tem assegurado o direito ao exercício de sua capacidade legal em igualdade de condições com as demais pessoas" (Brasil, 2015).

O ponto forte dessa determinação é que as pessoas que antes eram sujeitas à interdição em razão de enfermidade ou deficiência passaram a ser, por força da lei, consideradas plenamente capazes. Dessa forma, reconheceu-se o direito da pessoa com deficiência ao exercício de sua capacidade legal nas mesmas condições de todos.

Definir a pessoa com deficiência é uma questão bastante complexa, pois envolve a definição de quem faz parte da categoria de deficiente, muitas vezes confundido com *incapaz*, termo, aliás, amplamente utilizado no universo jurídico de âmbito legislativo e regulamentar.

Nesse ponto, como temos feito desde o início do capítulo, vale recorrermos ao dicionário para buscar as definições das palavras *incapaz* e *deficiente*:

incapaz [...]
1 que não se permite proceder de determinada maneira [...]
2 que tem impedimento; impossibilitado, impedido, inabilitado [...]
3 diz-se de ou indivíduo sem competência, inábil, ignorante [...]
4 JUR diz-se de ou aquele que não tem capacidade legal, que é privado de certos direitos ou excluído de certas funções por força de lei (IAH, 2019)

deficiente [...]
1 que tem alguma deficiência; falho, falto [...]
2 que não é suficiente sob o ponto de vista quantitativo; deficitário, incompleto [...]
[...]
4 aquele que sofre ou é portador de algum tipo de deficiência (IAH, 2019)

Na busca da promoção da inclusão, devemos ter clareza de que a deficiência pode algumas vezes ser observada, mas outras vezes, não, bem como que a pessoa com deficiência não é necessariamente incapaz, pois ela pode e deve desenvolver vários papéis sociais normalmente. Daí a necessidade da criação da Classificação Internacional de Funcionalidade, Incapacidade e Saúde (CIF) usada pela Organização Mundial da Saúde (OMS). Essa classificação abrange a aptidão e a inaptidão das condições de saúde e esclarece que a pessoa tem condições de realizar ou não conforme as funções dos órgãos ou sistemas e as estruturas do corpo do indivíduo

A CIF é uma base conceitual para a definição, a medição e o desenvolvimento de políticas na área da saúde e incapacidade, complementando a Classificação Internacional de Doenças (CID). Trata-se, portanto, de uma classificação que se presta a delinear os aspectos de funcionalidade, incapacidade e saúde por meio de um caráter multidisciplinar que descreve um estado de saúde e de condições relacionadas com determinantes e efeitos do estado da pessoa para todos os envolvidos.

Como classificação de saúde, a CIF apresenta três componentes:

1. corpo – funções e estrutura;
2. atividade e participação – funcionalidade, desempenho e capacidade;
3. contexto – fatores ambientais.

Tais componentes são apresentados com qualificadores que indicam a gravidade do problema apresentado: leve, moderado, grave ou total.

Observe a seguir os conceitos apresentados pela CIF:

No contexto de saúde:

Funções do corpo são as funções fisiológicas dos sistemas orgânicos (incluindo as funções psicológicas).

Estruturas do corpo são as partes anatómicas do corpo, tais como órgãos, membros e seus componentes.

Deficiências são problemas nas funções ou nas estruturas do corpo, tais como um desvio importante ou uma perda.

Atividade é a execução de uma tarefa ou ação por um indivíduo.

Participação é o envolvimento de um indivíduo numa situação da vida real.

Limitações da atividade são dificuldades que um indivíduo pode ter na execução de atividades.

Restrições na participação são problemas que um indivíduo pode enfrentar quando está envolvido em situações da vida real.

Fatores ambientais constituem o ambiente físico, social e atitudinal em que as pessoas vivem e conduzem sua vida. (CIF, 2004, p. 13, grifo do original)

Desse modo, as políticas públicas devem fazer uso das indicações da CIF ao se voltarem para o atendimento das pessoas com deficiência e/ou incapacidade.

Síntese

Neste capítulo, abordamos o papel social da escola e sua relação direta com a inclusão. Analisamos a formação dos termos voltados à educação e à tecnologia assistiva. Para isso, visitamos a Declaração de Salamanca, as políticas nacionais de educação especial e o Parecer CNE/CEB n. 17/2001.

Também comentamos a relação entre a educação especial e a educação inclusiva, bem como suas proposições, definições e seus campos de atuação. Ressaltamos a busca de uma escola voltada ao atendimento das diversidades existentes na sociedade. Para confirmar tal predição, buscamos novamente as principais ideias da Conferência Mundial sobre Necessidades Educacionais Especiais: Acesso e Qualidade, de 1994.

Ao analisar o atendimento educacional especializado, faz-se necessário conhecermos suas determinações legais e sua relação com a tecnologia assistiva. Por isso, retomamos as principais legislações que a contemplam, de forma didaticamente organizada e em ordem cronológica, a fim de possibilitar a pesquisa. Elas são as referências para a construção de sistemas de ensino inclusivos.

Indicações culturais

Filmes

O ÓLEO de Lorenzo. Direção: George Miller. EUA: Universal Pictures, 1992. 129 min.

> Esse filme é baseado na história real do menino Lorenzo, acometido por uma andrenoleucodistrofia (ALD), doença intratável que poderia levá-lo à morte em dois anos. Desenganados pelos médicos, o pai e a mãe de Lorenzo decidem estudar a doença e encontram a cura através de um óleo que desenvolvem. Os pais salvam o filho e muitas outras pessoas com a mesma doença.

REQUISITOS para ser uma pessoa normal. Direção: Leticia Dolera. Espanha, 2015. 90 min.

> A história representada neste filme é sobre Maria, uma moça de 30 anos que, ao ser descartada de uma entrevista de emprego, começa a pensar nos requisitos para ser uma pessoa dita

"normal". Ela compartilha suas angústias com seu irmão Ales, de 25 anos, que apresenta problemas mentais, e com Borja, um rapaz com sobrepeso que busca desesperadamente emagrecer. A relação que se estabelece entre três faz pensar o que é ser normal e se é isso mesmo o que todos querem.

SEMPRE amigos. Direção: Peter Chelsom. EUA: Miramax Filmes/ Scholastic, 1998. 108 min.

Esse filme apresenta a história de Max, um menino de 13 anos muito alto e com dificuldades de aprendizado, e de seu novo vizinho, Kevin, garoto muito inteligente que sofre uma doença que afeta sua locomoção. A amizade entre os dois se dá pela cooperação mútua, um suprindo as carências do outro. Trata-se de uma história de amizade, compreensão e coragem.

Livro

MACEDO, L. de. **Ensaios pedagógicos**: como construir uma escola para todos? Porto Alegre: Artmed, 2004.

Esse livro apresenta questões relacionadas à educação inclusiva. O autor questiona as mudanças necessárias à escola, para além da acessibilidade física, voltando-se para uma visão ética e de relacionamento interpessoal. Ele propõe uma reflexão sobre o acesso ao conhecimento para todos no espaço e no tempo escolar.

Atividades de autoavaliação

1. Como saber se uma criança com deficiência está apta a frequentar a escola regular?
   a) Um médico deve autorizar o aluno a estudar na escola regular.
   b) A família deve ter confiança na escola e escolher qual é a melhor para seu filho.
   c) Legalmente, todos os alunos têm direito a frequentar a escola regular.
   d) A criança precisa dizer se está apta ou não a frequentar uma escola regular.
   e) A escola deve fazer um teste seletivo para admitir a criança com deficiência.

2. Assinale a alternativa a seguir que apresenta afirmação correta a respeito da educação especial ou da educação inclusiva:
   a) Não há diferença entre a educação especial e a educação inclusiva.
   b) A educação especial se refere à organização dos meios necessários para acrescer os potenciais das pessoas com necessidades especiais.
   c) A educação inclusiva se refere à organização dos meios necessários para acrescer os potenciais das pessoas com necessidades especiais.
   d) A educação especial tem como objetivo o acesso à sala de aula e prescreve os processos pedagógicos convencionais da rede regular de ensino para todas as pessoas.

e) A educação inclusiva pretende disponibilizar recursos especiais para educandos com deficiência a serem empregados em escolas voltadas exclusivamente para esse público.

3. A Constituição de 1988 prevê o atendimento educacional especializado à educação especial. Com relação a isso, o texto legal postula que ela:
   a) deve ser oferecida preferencialmente na rede regular de ensino, para educandos portadores de necessidades especiais.
   b) não deve ser oferecida na rede regular de ensino para educandos portadores de necessidades especiais.
   c) deve ser oferecida obrigatoriamente na rede regular de ensino, para educandos portadores de necessidades especiais.
   d) deve ser oferecida em domicílio.
   e) não deve ser oferecida em escolas especiais.

4. A Constituição Federal e a atual Lei de Diretrizes e Bases da Educação contribuíram para a garantia do direito público à educação e melhoria do ensino; da mesma forma, ambas obtiveram significativos avanços relativos à educação especial e possibilitaram a ampliação da inclusão. Sendo uma consequência da outra, indique a alternativa que aponta qual delas surgiu primeiro e qual relação se pode depreender desse surgimento:

a) A LDB antecedeu a Constituição, pois a primeira surgiu em 1961, mas não há relação explícita entre elas.
b) As duas surgiram simultaneamente e demonstraram a vontade do povo, representado pelos políticos.
c) A Constituição surgiu antes da LDB, mas não há relação entre os dois textos legais.
d) A Constituição Federal de 1988 antecedeu a LDB e conferiu embasamento para a elaboração desta.
e) A LDB e a Constituição foram redigidas no mesmo ano e têm o mesmo escopo.

5. O art. 59 da LDB prevê que os sistemas de ensino assegurarão aos alunos com necessidades educacionais especiais currículos, métodos, técnicas, recursos educativos e organização específica (Brasil, 1996). Assim, os sistemas de ensino devem garantir aos alunos com necessidades especiais:
   a) currículos diferenciados com conteúdos diminutos a fim de atender às necessidades específicas de cada aluno, buscando a igualdade na avaliação final.
   b) atendimento realizado somente por professores com especialização em nível médio para o ensino regular.
   c) os mesmos meios e acessos aos programas sociais suplementares ao atendimento à educação especial.
   d) tempos maiores para os alunos com menos capacidades e tempos menores para alunos com capacidades restritas.
   e) grade horária ampliada com contraturno.

Atividades de aprendizagem

Questões para reflexão

1. Como são feitos os atendimentos dos alunos da educação especial? Há recursos financeios destinados para tais atendimentos? Se possível, visite uma escola que tenha práticas de inclusão e converse com os responsáveis pela parte pedagógica para descobrir se tais atendimentos estão coerentes com a legislação nacional para a inclusão escolar. Faça um levantamento de suas conclusões para utilizá-lo na Atividade 2.

2. Com os dados levantados na Atividade 1, estabeleça parâmetros de comparação considerando o que você estudou neste capítulo e o que você observou na prática. Reflita sobre suas conclusões e troque ideias com seus pares, para verificar se as escolas estão atendendo aos pressupostos legais de inclusão.

Atividade aplicada: prática

1. Elabore um fichamento com observações referentes aos meios e modos de inclusão da pessoa com deficiência em sua cidade. Busque observar quais seriam as necessidades dos alunos da educação especial e suas possíveis soluções. Construa, com isso, um olhar crítico sobre a realidade de atendimento às pessoas com necessidades especiais e, se possível, pesquise leis que preveem formas de minimizar tais problemas.

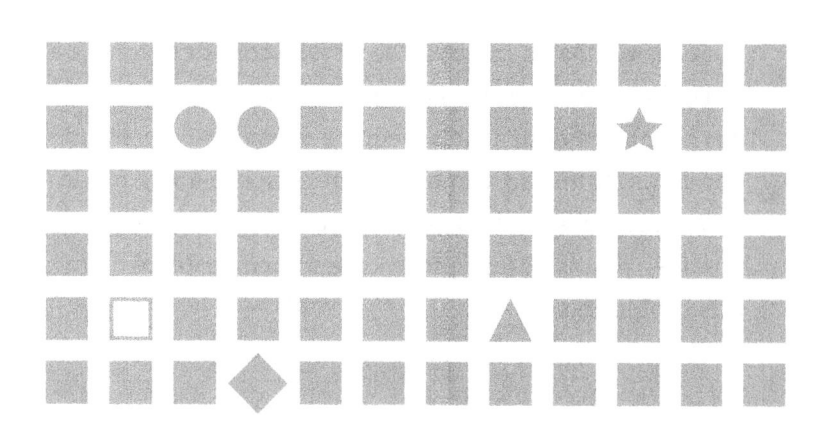

Capítulo 2
Conceito, categorias, classificações, modelos e recursos para o uso de tecnologia assistiva

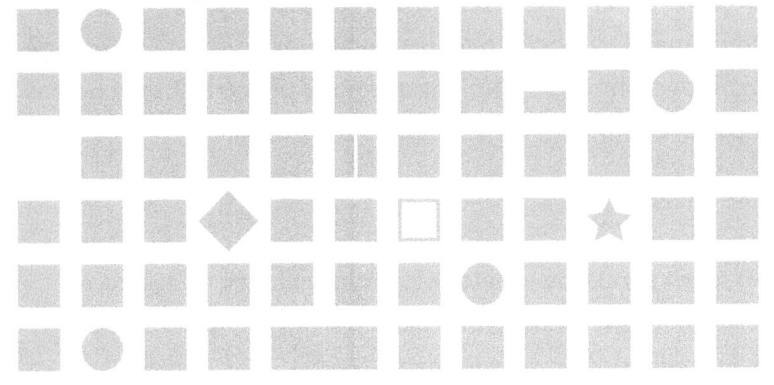

A comunicação é a expressão de ideias, sentimentos e pensamentos. Considerando o escopo deste estudo, para fazermos um bom uso dela, precisamos reconhecer os conceitos, as categorias, as classificações, os modelos e os recursos para o uso da tecnologia assistiva nas escolas. Dessa forma, cria-se uma padronização de entendimentos e se consolidam laços societários.

Sob essa ótica, neste capítulo, identificaremos os conceitos, a terminologia e as classificações da tecnologia assistiva e, para ampliar a abordagem que aqui fazemos, trataremos de suas categorias e de seus objetivos. Ainda, citaremos alguns recursos adaptados para alunos com deficiência visual, auditiva, física, motora e/ou intelectual.

2.1 Conceituação, terminologia e classificações da tecnologia assistiva

O termo *tecnologia* – que tem origem nas palavras gregas *tékhnē* e *lógos*, que seginificam respectivamente "arte, artesanato, indústria, ciência" e "linguagem, proposição" (IAH, 2019) – é comumente associado ao universo dos computadores e de artifícios sofisticados. No entanto, essa palavra abarca outras acepções como registra o dicionário Houaiss:

> tecnologia
> [...]
> 1 teoria geral e/ou estudo sistemático sobre técnicas, processos, métodos, meios e instrumentos de um ou mais ofícios ou domínios da atividade humana [...]

2 p.met. técnica ou conjunto de técnicas de um domínio particular [...]

3 p.ext. qualquer técnica moderna e complexa

Ou seja, a tecnologia remete ao estudo sobre as maneiras de se fazer algo, sendo que tal fazer pode ser prático, técnico, mecânico, industrial, natural ou artificial. Dessa forma, o uso do fogo, a invenção da roda e a utilização do giz para escrever são algumas entre as tantas tecnologias que ampliam o fazer humano. O emprego de recursos naturais e a modificação do ambiente para benefício próprio também são exemplos de uso da tecnologia. Assim, as tecnologias sempre provocam impacto na sociedade, pois são resultantes de buscas por soluções para problemas cotidianos.

O incremento das tecnologias caminha paralelamente com o desenvolvimento humano, em diferentes campos de atuação, despontando atualmente para a área da informação – as chamadas "novas tecnologias" utilizadas por meio da informática. No âmbito da inclusão, os recursos tecnológicos contribuem para aperfeiçoar a vida das pessoas. Assim, podemos definir a tecnologia assistiva como:

> uma área do conhecimento, de característica interdisciplinar, que engloba produtos, recursos, metodologias, estratégias, práticas e serviços que objetivam promover a funcionalidade, relacionada à atividade e participação de pessoas com deficiência, incapacidades ou mobilidade reduzida, visando sua autonomia, independência, qualidade de vida e inclusão social. (Brasil, 2007d)

A expressão *tecnologia assistiva* surgiu em 1988 na legislação norte-americana como *assistive technology*. Ela se apresenta em conformidade com as normas que regulam os direitos das pessoas com deficiência nos Estados Unidos. Tal determinação legal possibilitou aos norte-americanos benefícios de serviços especializados e acesso a recursos para aqueles que necessitam ter uma vida mais independente e que, de alguma forma, estão excluídos do contexto social em que vivem (Bersch, 2017).

Se voltarmos à estratégia que temos empregado, constataremos que o termo *assistiva* não está dicionarizado. Ele deriva do verbo *assistir* (isto é, "ajudar, auxiliar") ao qual se aglutina o sufixo nominal *-tiva*, que indica possibilidade, obrigatoriedade ou suscetibilidade de realizar a ação expressa pelo verbo – no nosso caso, assessorar.

Recursos são todos os componentes, elementos, equipamentos, produtos e sistemas que auxiliam na ampliação ou melhoria dos fazeres cotidianos para as pessoas com deficiência. Por sua vez, os **serviços** se referem aos amparos necessários às pessoas com deficiência para que possam fazer uso dos recursos. Dessa forma, diferentes equipamentos, serviços, práticas e táticas que venham a auxiliar os indivíduos com deficiência entram no rol da tecnologia assistiva.

A legislação norte-americana descreve *serviço* da seguinte forma:

- A avaliação das necessidades de uma TA do indivíduo com uma deficiência, incluindo uma avaliação funcional do impacto da provisão de uma TA apropriada e de serviços apropriados para o indivíduo no seu contexto comum;

- Um serviço que consiste na compra, leasing ou de outra forma provê a aquisição de recursos de TA para pessoas com deficiências;
- Um serviço que consiste na seleção, desenvolvimento, experimentação, customização, adaptação, aplicação, manutenção, reparo, substituição ou doação de recursos de TA;
- Coordenação e uso das terapias necessárias, intervenções e serviços associados com educação e planos e programas de reabilitação;
- Treinamento ou assistência técnica para um indivíduo com uma deficiência ou, quando apropriado, aos membros da família, cuidadores, responsáveis ou representantes autorizados de tal indivíduo;
- Treinamento ou assistência técnica para profissionais (incluindo indivíduos que proveem serviços de educação e reabilitação e entidades que fabricam ou vendem recursos de TA), empregadores, serviços provedores de emprego e treinamento, ou outros indivíduos que proveem serviços para empregar, ou estão de outra forma, substancialmente envolvidos nas principais funções de vida de indivíduos com deficiência; e
- Um serviço que consiste na expansão da disponibilidade de acesso à tecnologia, incluindo tecnologia eletrônica e de informação para indivíduos com deficiências. (PUBLIC LAW 108-364, 2004, citada por Galvão Filho, 2009, p. 209)

No Brasil, o uso da expressão *tecnologia assistiva* é recente, sendo muitas vezes usada com o mesmo significado de *tecnologia de apoio* ou *ajudas técnicas*, até mesmo na legislação, como acontece no Decreto n. 3.298, de 20 de dezembro de 1999 (Brasil, 1999a), e no Decreto n. 5.296, de 2 de dezembro de 2004 (Brasil, 2004a), que regulamenta as Leis n. 10.048, de 8 novembro de 2000 (Brasil, 2000b) e n. 10.098, de 19 dezembro do mesmo ano (Brasil, 2000c): "os elementos que permitem compensar uma ou mais limitações funcionais motoras, sensoriais ou mentais da pessoa portadora de deficiência, com o objetivo de permitir-lhe superar as barreiras da comunicação e da mobilidade e de possibilitar sua plena inclusão social" (Brasil, 1999a).

No art. 61 do Decreto n. 5.296/2004, consta o seguinte esclarecimento:

> Art. 61. Para os fins deste Decreto, consideram-se ajudas técnicas os produtos, instrumentos, equipamentos ou tecnologia adaptados ou especialmente projetados para melhorar a funcionalidade da pessoa portadora de deficiência ou com mobilidade reduzida, favorecendo a autonomia pessoal, total ou assistida. (Brasil, 2004a)

No entanto, há diferentes concepções para cada um dos termos. Alguns autores consideram que *tecnologia assistiva* e *tecnologia de apoio* têm uma abrangência maior, englobando tanto as metodologias quanto os serviços e os dispositivos; ao passo que a expressão *ajudas técnicas* restringe-se aos recursos.

Para esclarecer o significado dos termos e padronizar seu uso, o Comitê de Ajudas Técnicas (CAT), instituído no Brasil pela Portaria n. 142, de 16 de novembro de 2006, estabeleceu em seus documentos a utilização única da expressão *tecnologia assistiva* como a mais adequada, pelas razões expressas a seguir:

- Por ser uma tendência nacional já firmada no meio acadêmico, nas organizações de pessoas com deficiência, em setores governamentais (MEC, MCT, CNPq), Institutos de Pesquisa (ITS Brasil) e no mercado de produtos.
- Pelo primeiro objetivo do Comitê de Ajudas Técnicas, explícito no Artigo 66 do Decreto 5296/2004, relativo à estruturação das diretrizes da área do conhecimento. A expressão Tecnologia Assistiva seria a mais compatível como a denominação de uma área de conhecimento, a ser oficialmente reconhecida.
- Por ser uma expressão bastante específica ao conceito ao qual representa, diferentemente das expressões 'Ajudas Técnicas' e 'Tecnologia de Apoio', que são mais genéricas e também utilizadas para referirem-se a outros conceitos e realidades diferentes. (CAT, citado por Galvão Filho, 2009, p. 220)

Diante do exposto, é possível inferir que a busca pela independência e pela qualidade de vida é um elemento fundante da inclusão social.

Dessa forma, a tecnologia assistiva procura atender às pessoas com deficiência, transtorno global de desenvolvimento ou altas habilidades/superdotação por meio de ferramentas, recursos e serviços, dando suporte para que tais indivíduos possam desenvolver as atividades que desejam de forma satisfatória, buscando, portanto, uma melhoria da qualidade de vida e realizando a inclusão social.

É importante frisar que na documentação produzida pelo CAT, a expressão *tecnologia assistiva* é sempre utilizada no singular, uma vez que diz respeito a uma área de conhecimento, e não a uma coleção específica de produtos.

2.2 Categorias e objetivos da tecnologia assistiva

A tecnologia assistiva, de acordo com Sartoretto e Bersch (2019a), foi classificada originalmente em categorias por José Tonolli e Rita Bersch, em 1998. Ainda de acordo com as autoras, tal classificação teve seu desenho elaborado com base nas diretrizes gerais do American with Disabilities Act (ADA) – "que regula os direitos dos cidadãos com deficiência nos EUA, além de prover a base legal dos fundos públicos para compra dos recursos que estes necessitam" (Sartoretto; Bersch, 2019a) –, e do Programa de Certificação em Aplicações da Tecnologia Assistiva (Assistive Technology Certificate Program – ATACP) da California State University, em Northridge (Sartoretto; Bersch, 2019a).

Para delinear o processo básico de avaliação da tecnologia assistiva, de acordo com o ATACP, é necessário cumprir alguns procedimentos básicos que se organizam em dez passos, conforme ilustra a Figura 2.1.

Figura 2.1 – Avaliação da tecnologia assistiva

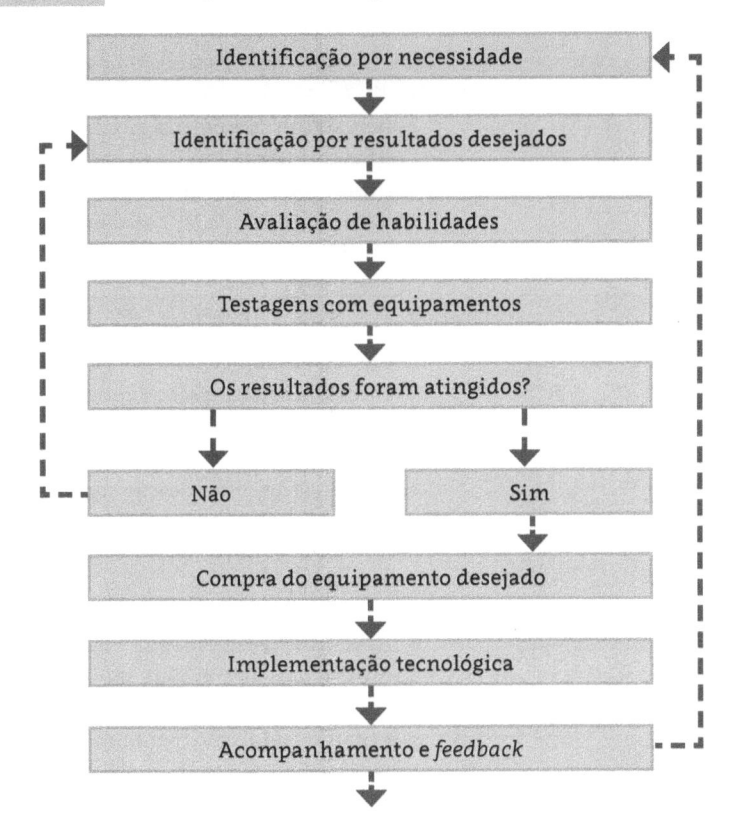

```
┌─────────────────────────────────────┐
│   Identificação por necessidade     │◀──┐
└─────────────────────────────────────┘   │
                 ▼                        │
┌─────────────────────────────────────┐   │
│ Identificação por resultados desejados│  │
└─────────────────────────────────────┘   │
                 ▼                        │
┌─────────────────────────────────────┐   │
│      Avaliação de habilidades       │   │
└─────────────────────────────────────┘   │
                 ▼                        │
┌─────────────────────────────────────┐   │
│      Testagens com equipamentos     │   │
└─────────────────────────────────────┘   │
                 ▼                        │
┌─────────────────────────────────────┐   │
│    Os resultados foram atingidos?   │   │
└─────────────────────────────────────┘   │
         ▼                 ▼              │
    ┌────────┐        ┌────────┐          │
    │  Não   │        │  Sim   │          │
    └────────┘        └────────┘          │
                           ▼              │
            ┌─────────────────────────┐   │
            │ Compra do equipamento desejado │
            └─────────────────────────┘   │
                           ▼              │
            ┌─────────────────────────┐   │
            │ Implementação tecnológica │ │
            └─────────────────────────┘   │
                           ▼              │
            ┌─────────────────────────┐   │
            │ Acompanhamento e feedback │─┘
            └─────────────────────────┘
                           ▼
```

Fonte: Elaborado com base em CSUN, 2006.

Os diferentes e possíveis equipamentos que auxiliam os alunos em determinado contexto podem não funcionar em outros tempos. Nesse momento do processo, deve-se verificar se os resultados esperados foram atingidos, para a compra ou a adaptação dos equipamentos indicados como necessários.

No Quadro 2.1, a seguir, são apresentadas as categorias da tecnologia assistiva, acompanhadas de seu símbolo e de sua descrição.

Quadro 2.1 – Categorias, símbolos e descrições da tecnologia assistiva

1 Auxílios para a vida diária	
	Materiais e produtos para auxílio em tarefas rotineiras, tais como comer, cozinhar, vestir-se, tomar banho e executar necessidades pessoais, manutenção da casa etc.
2 CAA (CSA) Comunicação aumentativa (suplementar) e alternativa	
	Recursos, eletrônicos ou não, que permitem a comunicação expressiva e receptiva das pessoas sem a fala ou com limitações. São muito utilizadas as pranchas de comunicação com os símbolos PCS ou Bliss, além de vocalizadores e *softwares* dedicados para esse fim.
3 Recursos de acessibilidade ao computador	
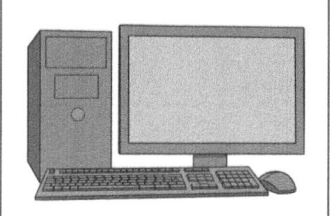	Equipamentos de entrada e saída (síntese de voz, Braille), auxílios alternativos de acesso (ponteiras de cabeça, de luz), teclados modificados ou alternativos, acionadores, *softwares* especiais (de reconhecimento de voz etc.) que permitem às pessoas com deficiência usar o computador.
4 Sistemas de controle de ambiente	
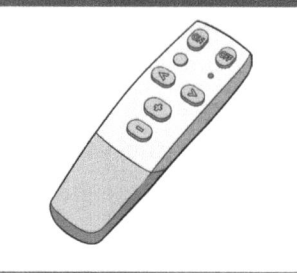	Sistemas eletrônicos que permitem as pessoas com limitações motolocomotoras controlar remotamente aparelhos eletroeletrônicos, sistemas de segurança, entre outros, localizados no quarto, na sala, no escritório, na casa e nos arredores.

(continua)

(Quadro 2.1 – continuação)

5 Projetos arquitetônicos para acessibilidade	
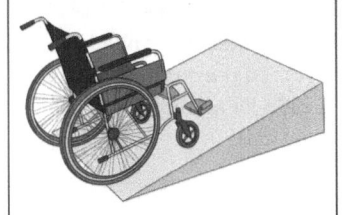	Adaptações estruturais e reformas na casa e/ou no ambiente de trabalho por meio de rampas, elevadores, adaptações em banheiros, entre outras, que retiram ou reduzem as barreiras físicas, facilitando a locomoção da pessoa com deficiência.
6 Órteses e próteses	
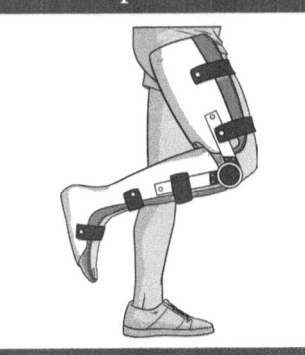	Troca ou ajuste de partes do corpo faltantes ou com funcionamento comprometido por membros artificiais ou outros recursos ortopédicos (talas, apoios etc.). Incluem-se os protéticos para auxiliar nos *deficits* ou nas limitações cognitivas, como os gravadores de fita magnética ou digital, que funcionam como lembretes instantâneos.
7 Adequação postural	
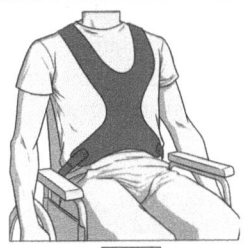	Adaptações para cadeira de rodas ou outro sistema de sentar visando ao conforto e à distribuição adequada da pressão na superfície da pele (almofadas especiais, assentos e encostos anatômicos), bem como posicionadores e contentores que propiciam maior estabilidade e postura adequada do corpo por meio do suporte e do posicionamento de tronco/cabeça/membros

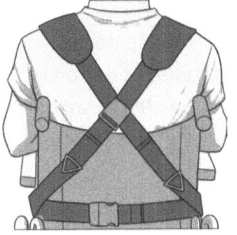

(Quadro 2.1 – conclusão)

8 Auxílios de mobilidade	
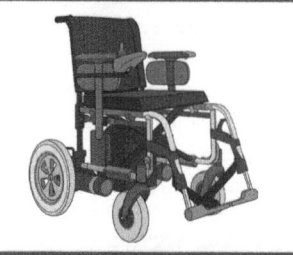	Cadeiras de rodas manuais e motorizadas, bases móveis, andadores, *scooters* de três rodas e qualquer outro veículo utilizado na melhoria da mobilidade pessoal.

9 Auxílios para cegos ou com visão subnormal	
	Auxílios, para grupos específicos, que incluem lupas e lentes, Braille para equipamentos com síntese de voz, grandes telas de impressão, sistema de TV com aumento para leitura de documentos e publicações etc.

10 Auxílios para surdos ou com déficit auditivo	
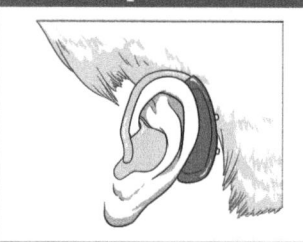	Auxílios que incluem vários equipamentos (infravermelho, FM), aparelhos para surdez, telefones com teclado – teletipo (TTY), sistemas com alerta táctil-visual, entre outros.

11 Adaptações em veículos	
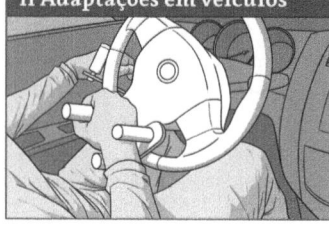	Acessórios e adaptações que possibilitam a condução do veículo, elevadores para cadeiras de rodas, camionetas modificadas e outros veículos automotores usados no transporte pessoal.

Fonte: Sartoretto; Bersch, 2019a.

2.2.1 Classificações da tecnologia assistiva

As classificações de tecnologia assistiva seguem diferentes referenciais com distintos focos de organização e aplicação. São elas: ISO 9999:2007, a Horizontal European Activities in Rehabilitation Technology (HEART) e a Classificação Nacional de Tecnologia Assistiva, do Instituto Nacional de Pesquisas em Deficiências e Reabilitação, parte dos Programas da Secretaria de Educação Especial pertencentes ao Departamento de Educação dos Estados Unidos (Amorim et al., 2009a).

A ISO é uma Associação Internacional de Normatização (International Organization for Standardization) que, como o próprio nome indica, volta-se para a preparação de normas técnicas internacionais a fim de padronizar procedimentos e codificação.

Assim, a ISO 9999:2007 foi elaborada para embasar os produtos assistivos para pessoas com deficiência e tem como foco os recursos e produtos a partir dos quais suas classes são organizadas. Nela, segundo Amorim et al. (2009a), os produtos assistivos são classificados por função e estão organizados em três níveis hierárquicos com códigos específicos. O primeiro nível se subdivide em 11 classes de produtos assistivos, quais sejam:

1. tratamento médico pessoal;
2. treinamento de habilidades;
3. órteses e próteses;
4. proteção e cuidados pessoais;
5. mobilidade pessoal;
6. cuidados com o lar;
7. mobiliário e adaptações para residências e outras edificações;

8. comunicação e informações;
9. manuseio de objetos e equipamentos;
10. melhorias ambientais, ferrametnas e máquinas;
11. lazer.

A classificação HEART, por sua vez, está organizada de acordo com a utilização dos recursos. Conforme Amorim et al. (2009a), ela se divide em três grandes áreas:

1. componentes técnicos;
2. componentes humanos;
3. componentes socioeconômicos.

Já os componentes técnicos da HEART se subdividem em:

- **Comunicação** – comunicação interpessoal; acesso a computador/interfaces com usuários; telecomunicações; leitura/escrita.
- **Mobilidade** – mobilidade manual; mobilidade elétrica; acessibilidade; transtornos privados; próteses e órteses; posicionamento.
- **Manipulação** – controle de ambiente; atividades da vida diária; robótica; próteses e órteses; recreação e desporto.
- **Orientação** – sistemas de navegação; orientação.

Já os componentes humanos estão objetivados nos impactos causados pela deficiência e pelas informações adotadas pelas áreas científicas. Amorim et al. (2009a) descrevem que eles estão subdivididos em:

- tópicos sobre a deficiência;
- aceitação de tecnologia assistiva;

- seleção de tecnologia assistiva;
- aconselhamento em tecnologia assistiva;
- atendimento pessoal.

Na classificação HEART há também os componentes socioeconômicos, que têm como foco os elementos de interações no contexto social e as vantagens e desvantagens econômicas de modelos de prestação de serviços. Tais componentes são:

- noções básicas de TA;
- noções básicas de desenho universal;
- emprego;
- prestação de serviços;
- normalização/qualidade;
- legislação/economia;
- recursos da informação.

De acordo com a legislação norte-americana, foi desenvolvida a Classificação Nacional de Tecnologia Assistiva do Departamento de Educação dos Estados Unidos, que cataloga dez componentes de recursos, por áreas de aplicação, além de apresentar um grupo de serviços que promove o apoio à avaliação do usuário, a customização e o desenvolvimento de recursos, bem como a integração aos objetivos educacionais e o apoio legal de concessão (Amorim et al., 2009a). Os itens que compõem essa classificação são:

1. elementos arquitetônicos;
2. elementos sensoriais;
3. computadores;
4. controles;

5. vida independente;
6. mobilidade;
7. órteses/próteses;
8. recreação/lazer/esportes;
9. móveis adaptados; mobiliário;
10. serviços.

Como não há uma forma única de classificar a tecnologia assistiva, devemos conhecer e utilizar as existentes de acordo com os objetivos propostos, isso quer dizer que, se a intenção é voltar-se para os recursos e produtos, deve-se recorrer à ISO 9999 e à classificação HEART; caso destine-se ao ensino, a classificação HEART também é indicada; já para a organização de serviços ou concessões, pode-se utilizar também a Classificação Nacional de Tecnologia Assistiva.

2.3 Adaptações para alunos com deficiência visual e auditiva

A tecnologia assistiva tem como propósito oferecer recursos e estratégias que possibilitem o desenvolvimento de atividades pedagógicas de forma igualitária para todos os alunos. As tecnologias para o ensino de deficientes visuais são diversificadas e estão vinculadas ao nível de comprometimento da visão (e audição, quando concomitantes) que o aluno apresenta. Tais recursos são utilizados em escolas especiais e muitas vezes são desconhecidos por professores da educação regular.

A fim de proporcionar a inclusão do aluno com deficiência visual e auditiva, vale explorarmos a utilização dos recursos disponíveis e a possibilidade de utilização de novas tecnologias.

2.3.1 Recursos adaptados para alunos com deficiência visual

Os recursos para os alunos com deficiência visual se dividem em ópticos e não ópticos. Estes modificam os materiais e aprimoram as qualidades do ambiente com a finalidade de aumentar a resolução visual, ao passo que os auxílios ópticos promovem a melhoria do desempenho visual para as pessoas que têm baixa visão.

É importante que os alunos com deficiência visual conheçam os espaços por onde terão de transitar, incluindo a posição em que o mobiliário é mantido. Assim, torna-se necessário fazer algumas visitas orientadas pelos lugares que poderão ser percorridos, como biblioteca, secretaria, banheiros, bem como apontar-lhes os obstáculos, como escadas, rampas e vãos. Quando houver mudanças no mobiliário ou estruturas, os alunos sempre devem ser avisados.

2.3.1.1 Recursos não ópticos

São considerados recursos não ópticos aqueles que auxiliam o desempenho visual sem o uso de lentes. Os deficientes visuais têm para a leitura e a escrita um princípio bastante funcional: o sistema braille, criado na França por Louis Braille (1809-1852), um jovem de 16 anos de idade que perdeu a visão aos 3 anos.

> **Curiosidade: Braille ou Braile?**
>
> A Academia Brasileira de Letras (ABL) aceita as duas grafias como corretas. Conforme Martins (citado por Sassaki, 2019, p. 8):
>
>> grafa-se *Braille* somente quando se referir ao educador Louis Braille. Por ex.: 'A casa onde Braille passou a infância (...)'. Nos demais casos, devemos grafar: [a] *braile* (máquina braile, relógio braile, dispositivo eletrônico braile, sistema braile, biblioteca braile etc.) ou [b] *em braile* (escrita em braile, cardápio em braile, placa metálica em braile, livro em braile, jornal em braile, texto em braile etc.).
>
> Em 10 de julho de 2005, a Comissão Brasileira do Braille (CBB) recomendou a grafia *braille*, com *b* minúsculo e dois *l*, respeitando a forma original francesa, internacionalmente empregada (Dutra, 2005, p. 27) – exceto quando o termo se refere ao educador Louis Braille (Sassaki, 2010).
>
> Nesta obra, optou-se pelo termo *braille*, respeitando a decisão da CBB.

O sistema é relativamente simples e conhecido internacionalmente. Ele possui 64 símbolos em relevo, resultantes da combinação de até seis pontos dispostos em duas colunas de três, chamadas de "cela braille". Nela, os pontos são números. Observe as Figuras 2.2 e 2.3.

Figura 2.2 – Cela braille com a numeração dos pontos

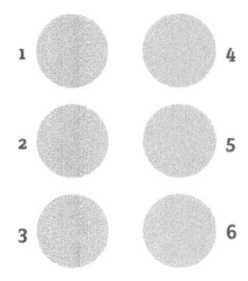

1   4
2   5
3   6

Figura 2.3 – Cela braille

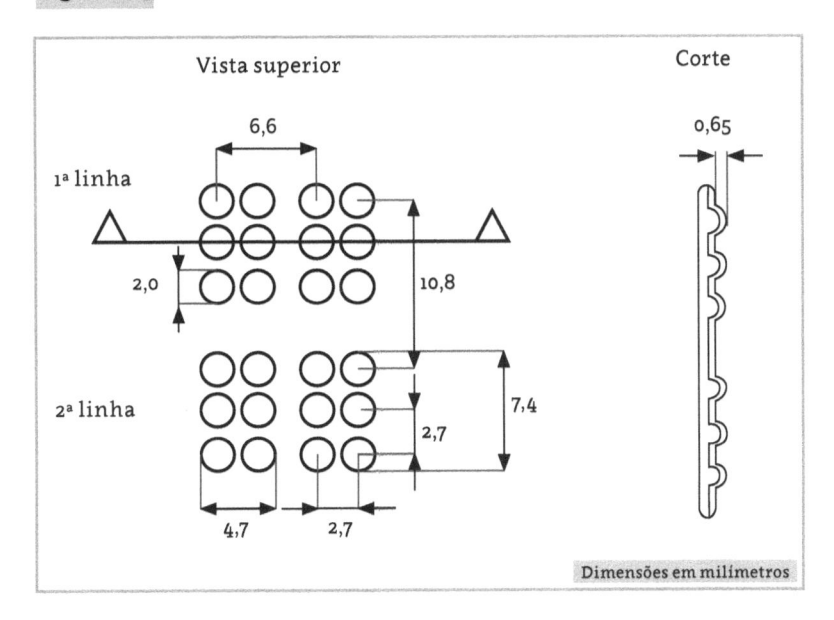

Vista superior — Corte

1ª linha
2ª linha

6,6
2,0
10,8
7,4
2,7
4,7
2,7
0,65

Dimensões em milímetros

Fonte: Brasil, 2017b, p. 103.

Podemos observar a representação gráfica de letras, números e alguns sinais no sistema braille na Figura 2.4.

83

Figura 2.4 – Representação do sistema braille

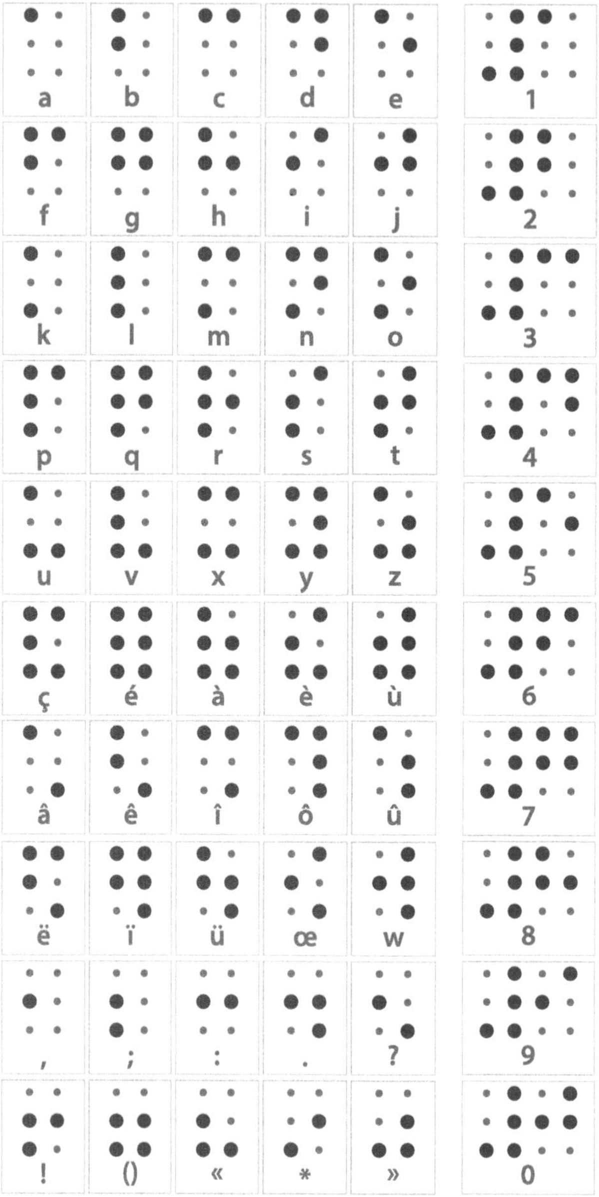

A leitura é realizada por pessoas cegas ou com baixa visão, da esquerda para a direita, por meio do toque das pontas dos dedos, como mostra a Figura 2.5.

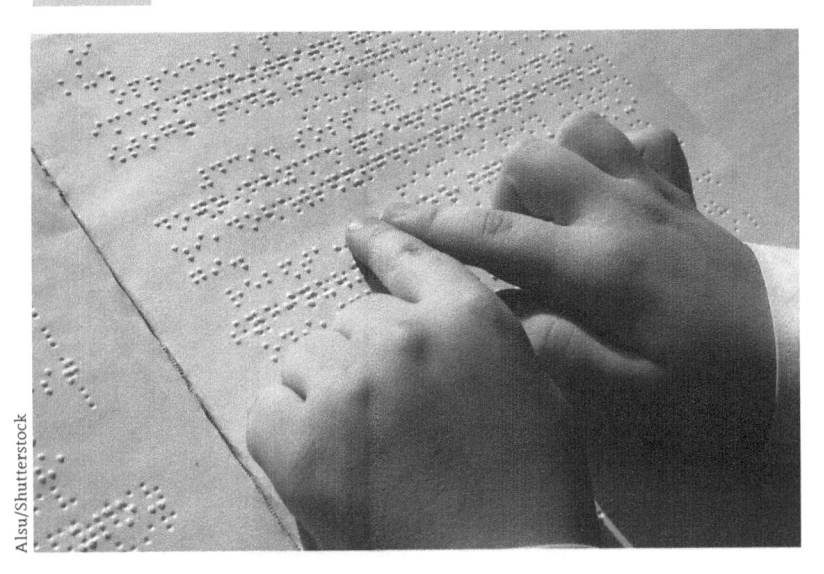

Figura 2.5 – Leitura em braille

Alsu/Shutterstock

A seguir, citamos os recursos que tradicionalmente são utilizados por alunos com deficiência visual.

Reglete e punção

A reglete e a punção (Figura 2.6) são recursos utilizados por alunos portadores de deficiência visual para escrever. Consistem em uma prancha e uma régua com duas linhas e janelas que correspondem às celas braille. O aluno com deficiência visual pressiona o papel com a punção para obter os pontos em relevo.

Figura 2.6 – Reglete e punção em detalhes (à esquerda) e em uso (à direita)

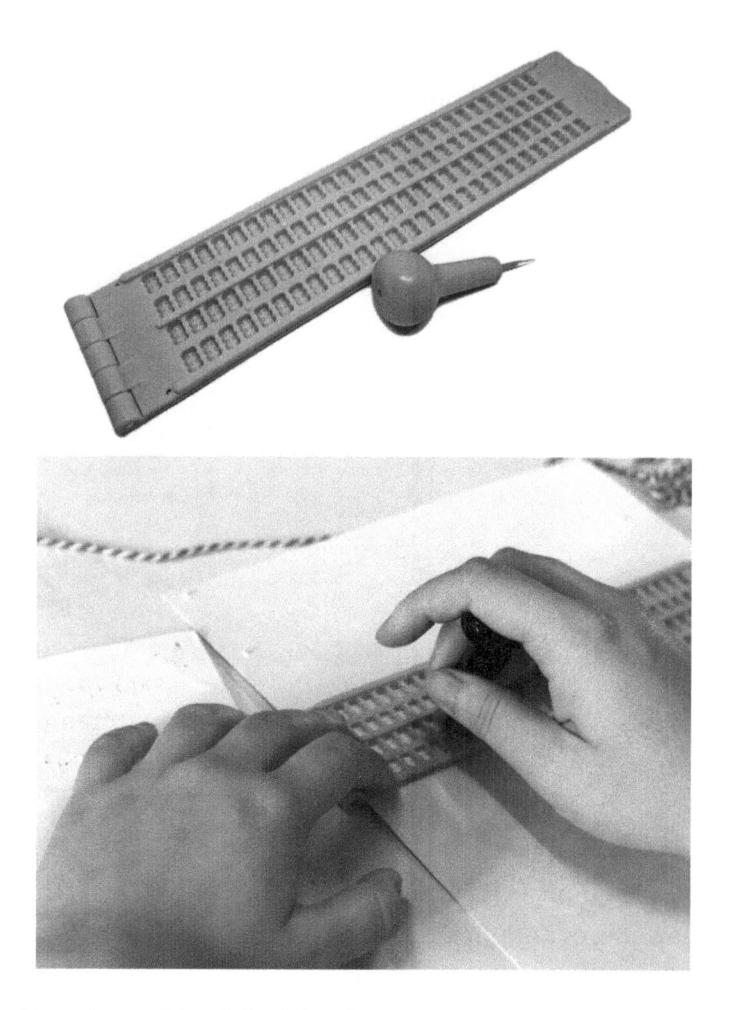

Araya Gerabun e RUCHUDA BOONPLIEN/Shutterstock

Esse dispositivo foi utilizado por Louis Braille e atualmente tem muitas variações, como os modelo de mesa e de bolso.

Máquina braille

A máquina braille é uma máquina de escrever adaptada ao método braille. No mercado, existem tanto o modelo manual (Figura 2.7) quanto o elétrico[1]. Para usá-la, é necessário dominar o código.

Figura 2.7 – Máquina braille manual

chameleonsEye/Shutterstock

Máquina de escrever Smart Brailler

Essa máquina oferece os recursos de tela e áudio para que alunos, pais, professores e interessados possam acompanhar

---

[1] É possível visualizar um modelo de máquina braille elétrica na página da fabricante Perrkins, disponível em: <https://brailler.perkins.org/pages/electric-perkins-brailler>. Acesso em: 1º nov. 2019.

e/ou aprender braille[2]. Também permite fazer a impressão do que é escrito. Esse modelo foi criado por David S. Morgan e foi lançado em 2011 pela Perkins.

Teclado em braille

Teclados de computador com teclas em braille (Figura 2.8) auxiliam a digitação para alunos com deficiência visual. Da mesma forma, a rotuladora braille[3] ajuda na organização de materiais.

Figura 2.8 – Teclado em braille

Negro Elkha/Shutterstock

---

2   É possível visualizar um modelo de máquina de escrever Smart Brailler na página da fabricante Perrkins, disponível em: <https://brailler.perkins.org/products/smart-brailler?_pos=5&_sid=6600b6a56&_ss=r>. Acesso em: 1º nov. 2019.
3   Para visualizar um modelo de rotuladora braille, acesse a seguinte página: <https://lasnius.wordpress.com/2010/02/23/rotuladora-braille/>. Acesso em: 1º nov. 2019.

Por sua vez, o duplicador de original braille[4] aplica calor e vácuo e cria relevo em película de PVC. Assim, ele desenvolve cópias para uso permanente em material tipo Braillon. É muito utilizado na criação de mapas táteis, desenhos, gráficos e em outros tipos de ilustrações.

Soroban ou ábaco
O soroban (Figuras 2.9 e 2.10), também conhecido como *ábaco japonês*, é um recurso disponibilizado para o ensino da matemática. De origem japonesa, é muito utilizado atualmente no Brasil, principalmente por ser comercializado a um baixo custo, ser durável e auxiliar na realização de operações matemáticas. Além de ser um instrumento de desenvolvimento do raciocínio e outras habilidades mentais, ele pode facilmente ser adaptado para o uso do deficiente visual, ajudando-o na resolução de problemas matemáticos.

---

[4] Para visualizar um modelo de duplicador braille, acesse a seguinte página: <https://www.civiam.com.br/necessidades_detalhes.php?prod=2127&rnd=1933>. Acesso em: 1º nov. 2019.

Figura 2.9 – Soroban

anaken2012/Shutterstock

Figura 2.10 – Funcionamento do soroban

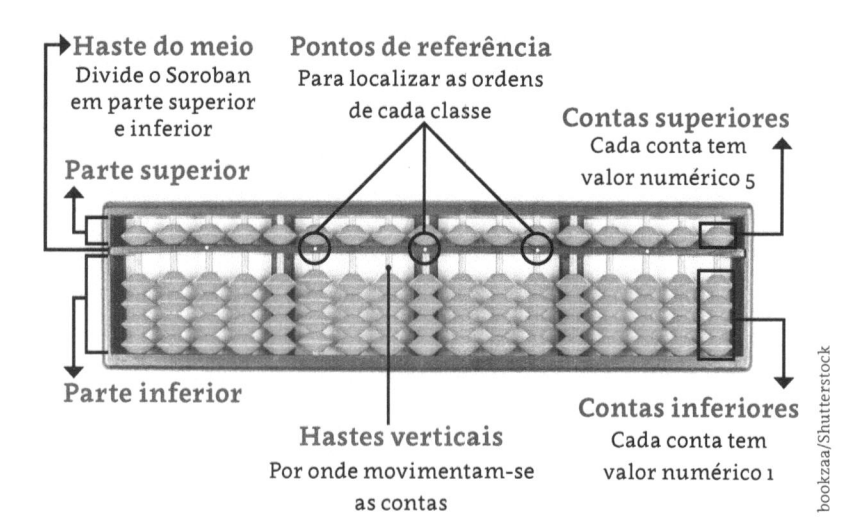

Haste do meio
Divide o Soroban em parte superior e inferior

Pontos de referência
Para localizar as ordens de cada classe

Contas superiores
Cada conta tem valor numérico 5

Parte superior

Parte inferior

Hastes verticais
Por onde movimentam-se as contas

Contas inferiores
Cada conta tem valor numérico 1

bookzaa/Shutterstock

Modelos e maquetes

Os modelos ajudam no contato com o ambiente. Por meio deles, o deficiente visual pode ter noção do espaço, da distribuição dos móveis e da localização das paredes. Da mesma forma, pode estimar o tamanho de uma árvore, de uma montanha, de uma nuvem. Enfim, os modelos permitem que os deficientes visuais percebam pelo tato aquilo que não são capazes de ver. Também existem modelos pequenos ampliados, possibilitando a percepção de detalhes importantes. A Figura 2.11 mostra um exemplo de modelo, o qual representa o Arco de Constantino, um ponto turístico da cidade de Roma.

Figura 2.11 – Modelo do Arco de Contantino para turistas cegos em Roma

Mapa em relevo

O mapa em relevo pode ser confeccionado com barbantes, linhas ou com a justaposição de partes. Trata-se de um recurso que oferece a possibilidade de ser confeccionado por um grupo de alunos, que juntos podem conversar sobre sua formação. Usar um mapa como base e criar elevações e limites ajuda todos a perceberem a organização do planeta. Observe os exemplos das Figuras 2.12 e 2.13.

Figura 2.12 – Globo terrestre adaptado em alto-relevo

Figura 2.13 – Mapa tátil

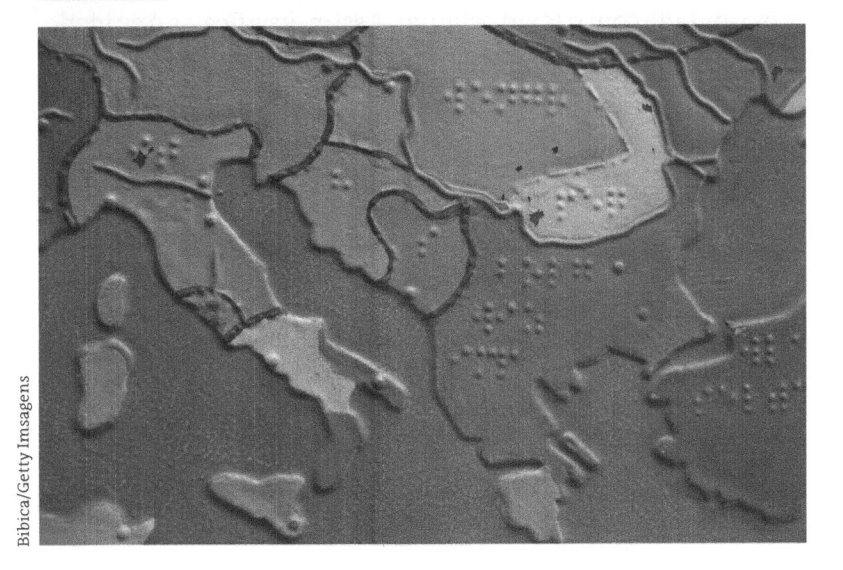

Bibica/Getty Imsagens

Livros didáticos transcritos em braille

O livro didático pode ser transcrito em braille desde que sejam considerados alguns itens importantes, como a distribuição do texto por página, a descrição de desenhos e imagens e, principalmente, a fidelidade com o texto original.

O Instituto Benjamin Cosntant (IBC) conta com uma equipe de adaptação da Divisão de Imprensa Braille (DIB) responsável pela adequação de livros didáticos utilizados no instituto e em escolas que atendem alunos cegos. Ela atende à demanda de escolas da rede pública, bibliotecas públicas e instituições sem fins lucrativos.

A fim de evitar desvios e supressões de conteúdos, os integrantes da DIB utilizam as normas técnicas para a produção de textos em braille. O trabalho é voltado para a interpretação dos livros didáticos de forma que o aluno cego tenha maior proximidade com o texto original. Assim, verifica-se o cuidado com as descrições e representações grafo-táteis.

Devemos considerar que o sistema braille não transcreve desenhos, gráficos e cores. Dessa forma, é necessário buscar alternativas para suprir tais carências.

Indicações culturais

BRASIL. Ministério da Educação. **Instituto Benjamin Constant**. Disponível em: <http://www.ibc.gov.br/>. Acesso em: 12 ago. 2019.

GEPA – Grupo de Ensino e Pesquisa em Adaptação do Instituto Benjamin Constant. Disponível em: <https://blogibcgepa.wordpress.com/>. Acesso em: 7 maio 2019.

> O trabalho desenvolvido no setor de adaptação da Divisão de Imprensa Braille (DIB) está disponível no *site* do instituto e também no *blog* do Grupo de Estudo e Pesquisa em Adaptação (Gepa).
>
> O Instituto Benjamin Constant disponibiliza ao público diversos títulos. As solicitações devem ser encaminhadas para o e-mail dib@ibc.gov.br ou pelos correios.

■ ■ ■ ■ ■ ■ ■ ■ ■ ■ ■ ■ ■ ■ ■ ■

Livros didáticos ampliados

Para alunos com visão reduzida, os livros didáticos podem ser adaptados. Aumento do tamanho de letras, contrastes de cores de fundo e desenhos objetivos são alterações necessárias e importantes. Da mesma forma, a quantidade de informações deve ser preservada e distribuída entre as páginas segundo citérios didáticos.

Livros didáticos falados
Com os diversos recursos tecnológicos existentes, há a possibilidade de transformar qualquer livro em texto oral, levando-se em consideração a descrição de imagens, figuras, tabelas e gráficos. O livro falado, assim como os arquivos portáteis de áudio, é denominado *recurso instrucional*.

Recursos táteis
O tato é, de modo geral, o sentido mais utilizado pelo deficiente visual, visto que é pelo toque que ele percebe o mundo. A percepção daquilo que está representado próximo de seu corpo permite vislumbrar a ideia daquilo que não pode ser alcançado pela visão, havendo a possibilidade de apreender o objeto de estudo. Dessa forma, maquetes e objetos que possam ser tocados e manipulados são imprescindíveis para o aprendizado do aluno.

Objetos sonoros
Inserir guizos ou grãos em bambolês ou bolas torna os objetivos perceptíveis aos deficientes visuais. No futebol para cegos, por exemplo, a bola utilizada contém guizos para que, quando em movimento, emita um som que permita ao jogador identificar em que ponto da quadra ela se encontra.

Recursos tecnológicos de escrita

Os sintetizadores de voz produzem artificialmente a voz humana por meio do sistema informático. Eles possibilitam a um aluno cego a leitura de informações disponíveis em um monitor.

Já o terminal braille (*Display Braille*) consiste em um terminal de computador que permite ao aluno cego ler o que aparece no monitor por meio de caracteres braille que se movimentam verticalmente em celas dispostas numa plataforma, como exemplificado pela Figura 2.14.

Figura 2.14 – Terminal braille

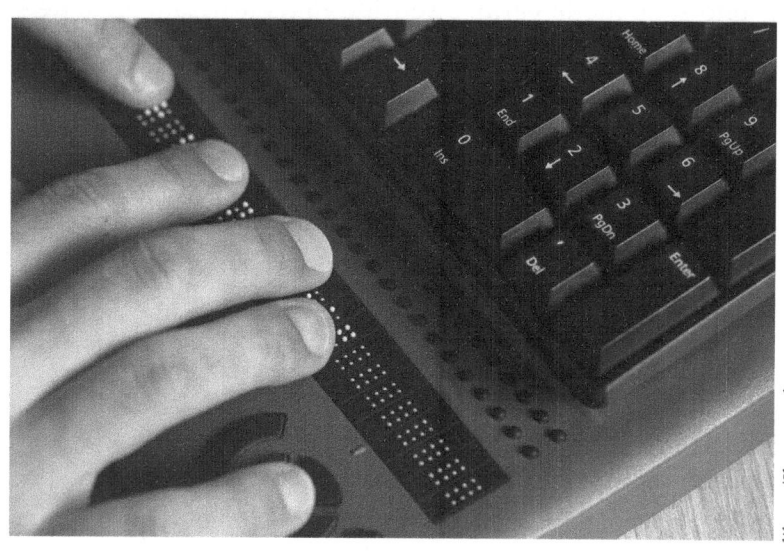

likovec/Shutterstock

A impressora braille (Figura 2.15) é adaptada ao computador e produz impressões interpontando os caracteres da cela braile (com seis ou oito pontos) ou os traços de um desenho, que fica marcado em alto-relevo. Há vários modelos e tamanhos disponíveis no mercado. Ela pode imprimir folhas separadas ou formulários contínuos.

Figura 2.15 – Impressora braille

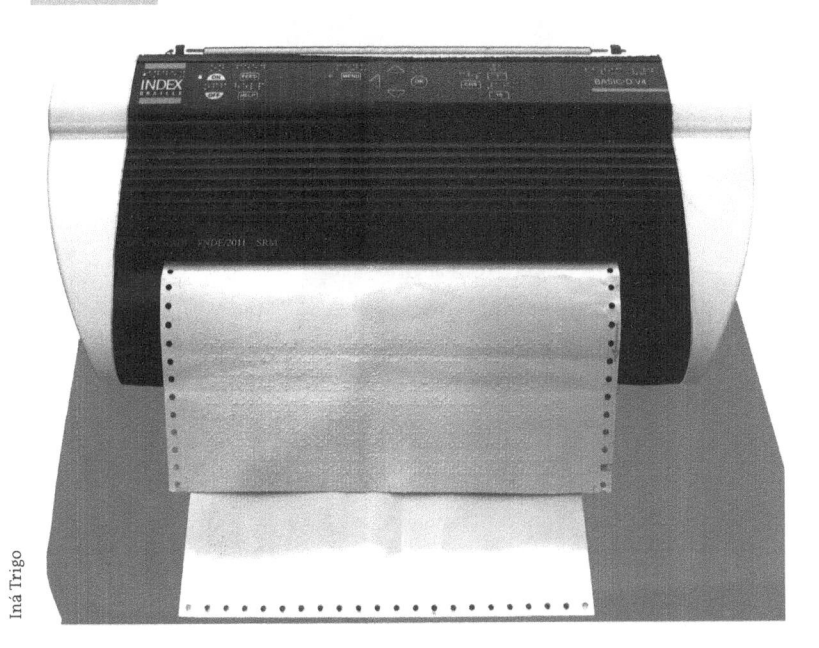

Iná Trigo

O *scanner* de voz (Figura 2.16) faz a transferência de textos impressos para o *scanner*, que, então, procede à leitura. Alguns fazem a soletração de palavras e repetições de textos na íntegra ou em parte. Também oferece recurso de gravação em formato de áudio.

Figura 2.16 – *Scanner* de voz

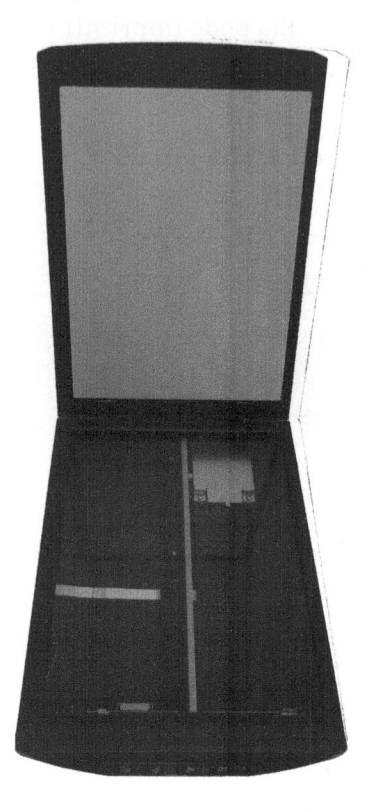

Recursos de áudio

Os recursos de áudio, também denominados *recursos instrucionais*, são aqueles que utilizam arquivos portáteis de áudio. Um desses recursos é o aplicativo para *smartphones* chamado Georgie. O app torna o celular mais acessível, criando uma nova interface, na qual aparecem seis grandes células. Quando o usuário toca qualquer uma delas, o celular emite uma informação sonora para confirmar a opção selecionada.

Iluminação

A iluminação do ambiente deve ser controlada, direcionada ao material de trabalho e à direita (quando destro) ou atrás do aluno, de forma que não crie sombras. O ideal é evitar a luz direta nos olhos. O reflexo pode ser controlado com tiposcópios, visores, oclusores laterais e lentes polarizadas. O professor deve sempre questionar a qualidade e a quantidade de luz disponível no ambiente, observando as seguintes variáveis:

- **Localização do aluno** – A localização do aluno com baixa visão é fundamental. Logo, é importante que ele esteja sentado em um lugar centralizado e perto do quadro de giz. Ainda, o local deve ser adaptado de acordo com a condição visual do aluno. Assim, o professor deve se certificar de que o aluno está enxergando as letras, os números e as imagens apresentadas. Também se recomenda o uso de giz e de canetas que proporcionem maior contraste. O acetato amarelo diminui a incidência de claridade sobre o papel e auxilia na leitura. A claridade não pode incidir diretamente sobre os olhos dos alunos, tampouco gerar sombras que atrapalhem sua leitura e escrita. É necessário que não haja reflexos na lousa e, além disso, deve-se utilizar superfícies pouco polidas e não brilhantes, pois estas ofuscam a luz. Em alguns casos, o uso de chapéus ou bonés auxilia na diminuição do reflexo.

- **Tempo e materiais** – Também se deve adaptar o tempo de realização das atividades, para que os alunos possam realizá-las tranquilamente, sem prejuízo do processo e da inclusão. Em alguns casos, pode ser útil o apoio para leitura, que evita a má postura. O plano inclinado (veja Figura 2.29) é recomendado nesses casos; pode ser uma mesa inclinada ou um simples suporte que ajuda na estabilidade da coluna vertebral e garante mais conforto visual. Um guia de leitura, que pode ser uma régua ou um pedaço de papel escuro sem brilho, serve para seguir a linha na leitura e na escrita. O uso de lápis 3B ou 6B e de canetas de ponta porosa conferem traços mais fortes á escrita, tornando-os mais fáceis de serem lidos.
- **Espaços escolares** – Deve-se observar se os ambientes em sala de aula, bem como escadas, entradas e corredores, estão iluminados, e se a luz é bem distribuída.
- **Auxílio na escrita** – Os cadernos com linhas grossas, escurecidas e espaçadas ajudam as crianças com baixa visão nas práticas de escrita. Eles podem ser comprados ou adaptados, tendo suas linhas reforçadas com caneta, giz de cera ou caneta hidrocor.

Figura 2.17 – Comparação entre caderno com pauta ampliada para baixa visão e caderno comum

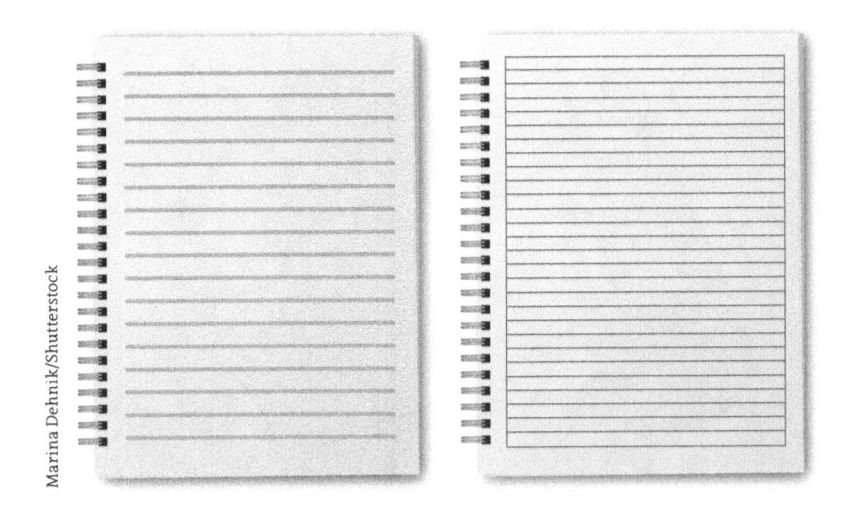

Marina Dehnik/Shutterstock

A régua-guia (Figura 2.18) é uma boa opção para a escrita. Ela alinha a escrita do texto ou da assinatura, limita o espaço da escrita e o tamanho de letra e auxilia na organização do texto. Na Figura 2.19, há um exemplo de régua-guia para a escrita de uma página cheia.

Figura 2.18 – Régua-guia da escrita e da assinatura

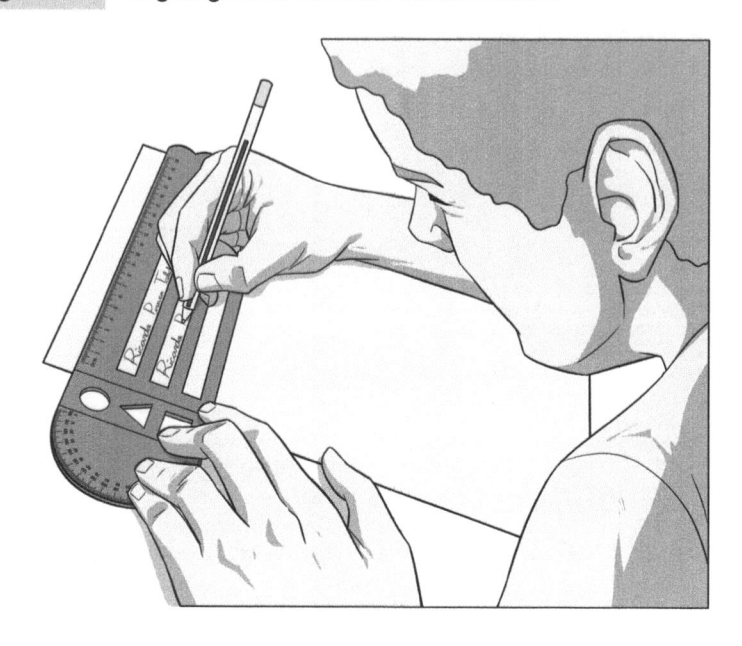

Figura 2.19 – Régua-guia para a escrita de página inteira

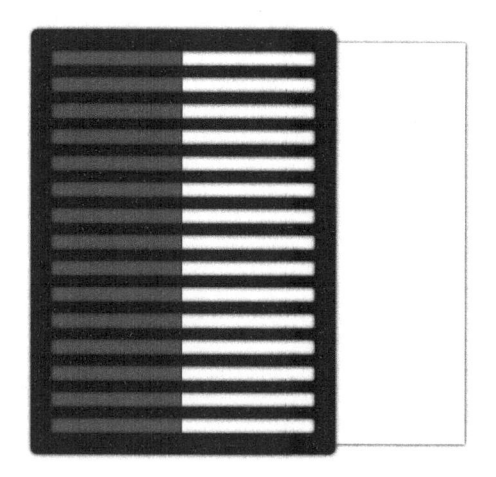

Alfabeto ampliado

Letras aumentadas, recortadas e coladas em diferentes superfícies auxiliam na alfabetização. Superfícies mais altas, como caixas de fósforos, por exemplo, melhoram a visualização.

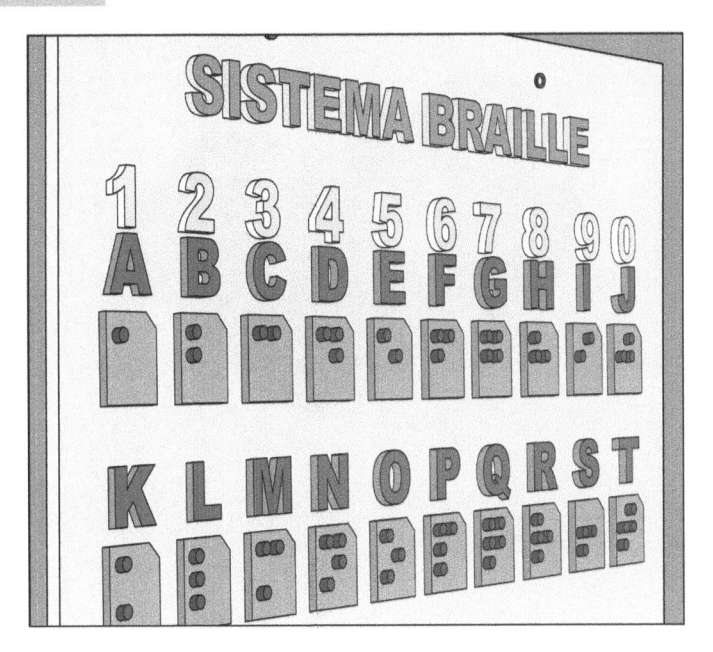

Figura 2.20 – Quadro com o alfabeto braille ampliado

2.3.1.2 Recursos ópticos

Os recursos ópticos são aqueles de uso específico para o aumento da percepção da imagem e incluem lentes, lupas, óculos e telescópios de uso especial sempre utilizados sob prescrição de um profissional da área. Trata-se de recursos práticos, baratos e acessíveis que podem ser usados pelos alunos com baixa visão.

Os sistemas telescópios, ou telelupas, são utilizados para longe e podem ser monoculares (Figura 2.21) ou binoculares. Já as lupas manuais (Figura 2.22), as lupas de apoio ou em régua (Figura 2.23) e as lentes de óculos são utilizadas para perto.

Figura 2.21 – Telelupa monocular

lightrain/Shutterstock

Figura 2.22 – Lupa de bolso

wasan Lerdjantarangkul/Shutterstock

Figura 2.23 – Lupa em régua

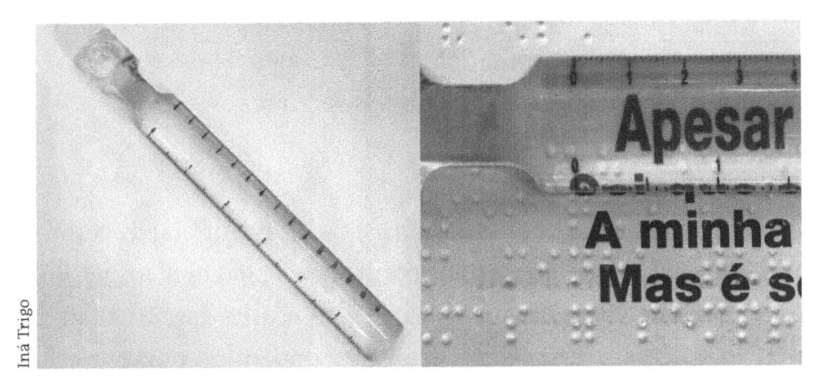

2.3.2 Recursos adaptados para alunos com deficiência auditiva

Os recursos utilizados com alunos surdos variam de acordo com o grau de perda auditiva apresentada. Também devem ser utilizados em casos de perda da audição, dada a fase de aprendizagem da língua oral em que a pessoa se encontra.

Os graus de perdas auditivas são:

- **Leve** – Dificuldade de perceber alguns sons e de distinguir fonemas semelhantes.
- **Média ou moderada** – Dificuldades na compreensão de frases mais complexas e uso de volume elevado da voz.
- **Severa** – Percepção apenas da voz forte e necessidade de apoio visual para compreender a situação de comunicação.
- **Profunda** – Nenhuma percepção auditiva, sem identificação da voz humana.

Assim, há diferentes recursos que podem ser utilizados para auxiliar os alunos com deficiência auditiva, os quais variam de acordo com o *deficit* de audição. Nas seções que seguem, comentamos alguns desses recursos.

Libras

A Língua Brasileira de Sinais (Libras) é a língua oficial da comunidade surda brasileira e foi reconhecida pela Lei n. 10.436, de 24 de abril de 2002 (Brasil, 2002a). Ela tem uma estrutura gramatical própria, um pouco diferente da língua portuguesa, que combina sinais e gestos das mãos e do corpo (olhos, rosto, boca), enquadrando-se na modalidade gestual-visual da comunicação.

Indicações culturais

RIO GRANDE DO SUL. Secretaria da Justiça e dos Direitos Humanos. SAT – Serviço de Ajudas Técnicas. **Minidicionário**. Porto Alegre, 2010. Disponível em: <http://www.faders.rs.gov.br/uploads/Dicionario_Libras_CAS_FADERS1.pdf>. Acesso em: 21 abr. 2019.

> O Centro de Formação de Profissionais da Educação e de Atendimento às Pessoas Surdas (CAS) elaborou em 2008 um minidicionário ilustrado de Libras com o propósito de divulgar e promover a acessibilidade. Vale a pena consultá-lo e conhecer mais sobre o alfabeto da língua brasileira de sinais.

Nas Figuras 2.24 e 2.25, são apresentados os sinais para representar, em Libras, as letras do alfabeto e os números.

Figura 2.24 – Alfabeto manual do Brasil

Figura 2.25 – Sinais dos números em Libras

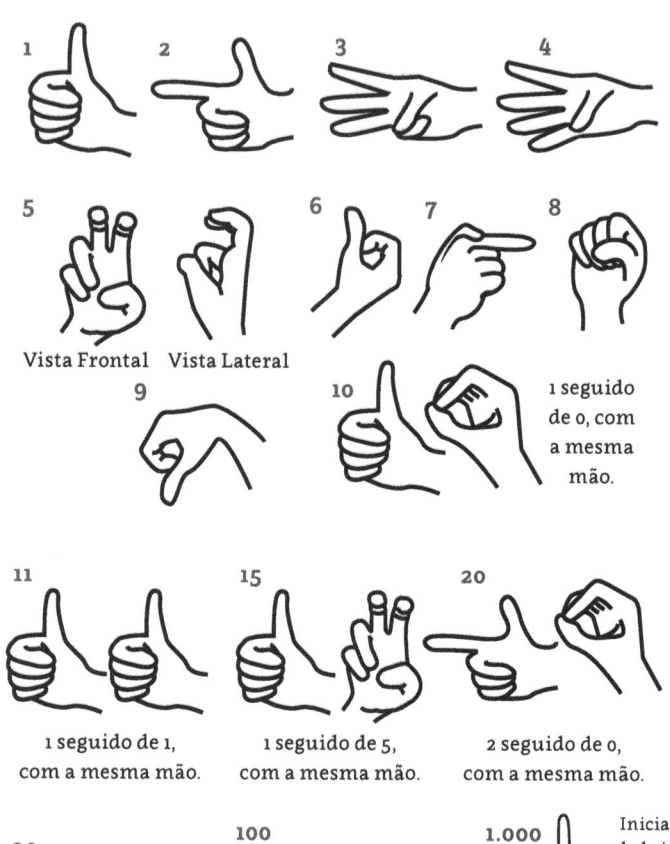

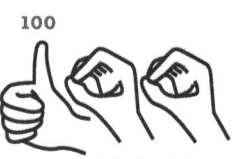

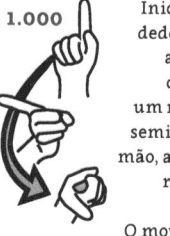

1 2 3 4

5 6 7 8

Vista Frontal Vista Lateral
9 10 1 seguido de 0, com a mesma mão.

11 15 20
1 seguido de 1, com a mesma mão. 1 seguido de 5, com a mesma mão. 2 seguido de 0, com a mesma mão.

30 100 1.000
3 seguido de 0, com a mesma mão. 1 seguido de dois 0, com a mesma mão. Inicialmente o dedo indicador aponta para cima, e com um movimento semicircular da mão, a mão acaba rotacionada 180 graus. O movimento do braço e pulso é mínimo

2.4 Recursos adaptados para alunos com deficiência física e motora

Há vários graus de comprometimento naquilo que se identifica como deficiência física e motora. Por isso, cada aluno que se enquadra em um desses tipos de deficiência pode apresentar uma necessidade específica. Assim, faz-se necessário também buscar oferecer recursos adaptados para tais alunos, como adequação de mobiliário, ferramentas informatizadas e equipamentos de mobilidade. Na sequência, apresentamos alguns recursos já desenvolvidos e adaptados para essa demanda.

Postura

Uma postura correta e confortável é essencial para facilitar a concentração durante a realização de atividades. Deve-se prezar pelo conforto do aluno e pelo alinhamento postural, bem como por sua estabilidade e segurança. A autonomia e a liberdade de movimentos também devem ser incentivadas.

Portanto, a escolha da cadeira é importante. No caso dos alunos cadeirantes, é preciso respeitar o uso das cadeiras adaptadas em sala de aula (Figura 2.26). Nesse caso, as mesas também devem apresentar adaptações, como abertura diferenciada para encaixe da cadeira de rodas e regulagem de altura (Figura 2.27).

Para os alunos com movimentos involuntários, é recomendável revestir as partes de possível contato, para evitar o impacto.

Figura 2.26 – Cadeira adaptada

Iná Trigo

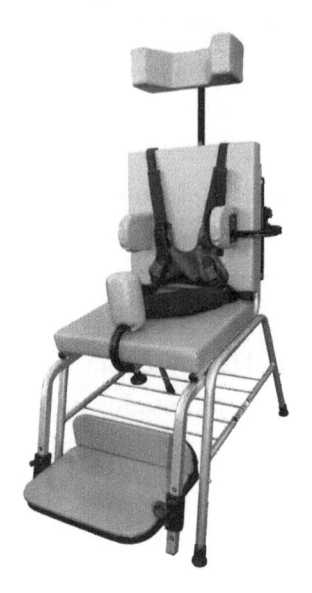

Figura 2.27 – Mesa adaptada

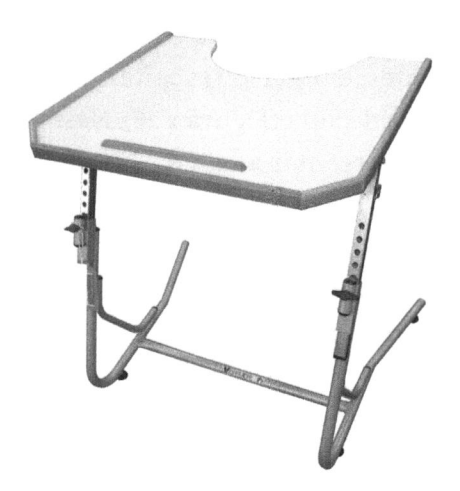

Iná Trigo

Quando o aluno prefere sair da cadeira de rodas, essa transposição deve ser assistida por um adulto para evitar quedas. O ideal é que a cadeira tenha braços de apoio e seja firme. Se necessário, é recomendável prender o corpo do aluno à cadeira com faixas próprias seguras e confortáveis. Os pés também precisam de apoio adequado.

Há a opção da cadeira de chão (Figura 2.28), que permite realizar atividades no solo.

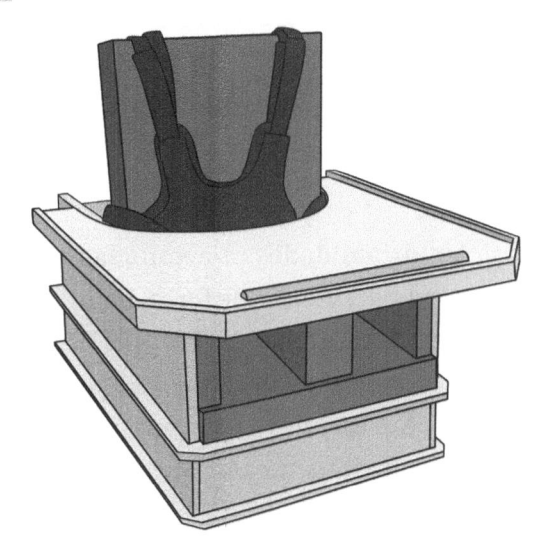

Figura 2.28 – Cadeira de chão

Para facilitar a postura do aluno na carteira, é possível adaptar o plano inclinado (Figura 2.29). Se não houver carteira com mesa de tampo inclinado, o plano pode ser colocado sobre a mesa comum.

Figura 2.29 – Plano inclinado

Iná Trigo

Tesoura adaptada

Para alunos com dificuldades relacionadas a coordenação motora, lateralidade, graduação de força, habilidade de preensão da mão, é interessante adaptar tesouras (Figura 2.30). Elas são de uso constante e seus movimentos muito se assemelham aos usados para escrever, demandando assim a prática de exercícios que contribuem para o desenvolvimento motor.

Figura 2.30 – Modelo de tesoura adaptada

Iná Trigo

Alimentação

Para auxiliar na alimentação do aluno que não tem controle dos movimentos, é importante disponibilizar prato com suporte, o qual deve ter as bordas mais altas para evitar que a comida escape pelas laterais. Da mesma forma, os copos precisam de adaptação, com uma reentrância na borda que dispense a pessoa fazer movimentos maiores para desviar o objeto do nariz. Outra adaptação importante é a dos talheres, que devem ter ângulos laterais e cabos mais grossos, a fim de tornar a alimentação mais prática e autônoma.

Figura 2.31 – Prato antiderrapante com borda elevada

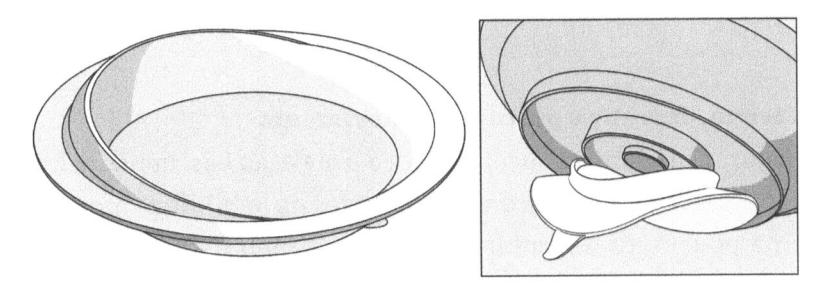

Figura 2.32 – Copo adaptado em plástico

Figura 2.33 – Talheres adaptados

Iná Trigo

Escrita, desenho e pintura em movimento

Segurar um lápis ou uma caneta é uma ação básica na inclusão escolar. Os alunos com dificuldades na habilidade motora fina podem ter dificuldade nesse movimento. Dessa forma, é preciso adaptar instrumentos e ferramentas para tal finalidade. A seguir, apresentamos algumas alternativas para essa adaptação:

- **Aranha mola** – Arame revestido que se prende à mao e à caneta do aluno (Figura 2.34). Ela ajuda o aluno a segurar caneta, lápis, pincel e outros materiais de escrita e pode ser utilizada em quaisquer dedos.

Figura 2.34 – Aranha mola

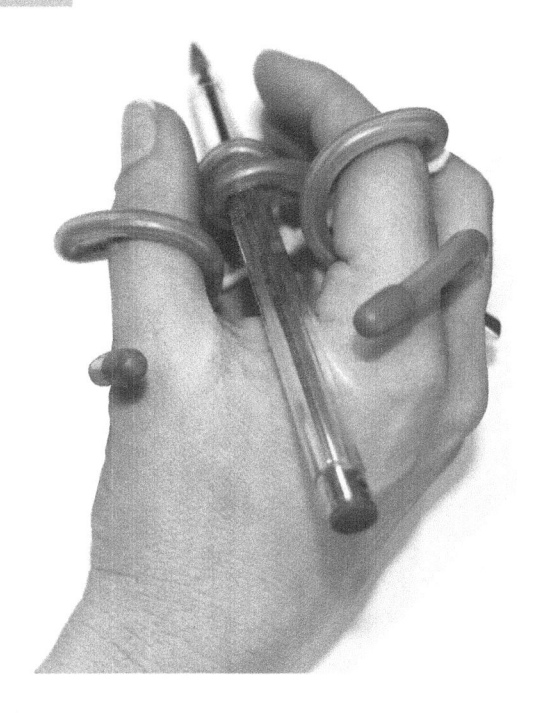

- **Engrossador de lápis** – O engrossador pode ser confeccionado com espuma, borracha ou qualquer outro material macio e firme. Há vários modelos disponíveis no mercado. Trata-se de um suporte ou invólucro que se fixa ao lápis, à caneta ou ao pincel, dando estabilidade e melhorando a posição da mão na hora da escrita ou do desenho (Figuras 2.35). É possível aplicar a técnica para adaptar outros objetos, como pincéis, escovas e talheres.

Figura 2.35 – Engrossador de lápis

Iná Trigo

- **Adaptador feito com bola de espuma** – Quando o aluno apresenta dificuldades motoras que interferem em sua mobilidade, é possível utilizar diversos materiais que proporcionam praticidade, segurança e independência. Uso de bolas de espuma, por exemplo, aumenta a circunferência de cabos de talheres, bem como de lápis e canetas, auxiliando no manuseio.

2.5 Recursos adaptados para alunos com deficiência intelectual

As adaptações para alunos com deficiência intelectual podem ser realizadas com o emprego de *hardware* ou com o uso de *softwares* especiais de acessibilidade. Também podem ser utilizadas adaptações físicas ou órteses, para um melhor uso dos recursos. A seguir, detalhamos alguns desses recursos de tecnologia assistiva.

Colmeia ou máscara de teclado
Consiste em uma placa com orifícios do tamanho de um dedo com posição correspondente às teclas do teclado. Essa placa evita que os usuários, principalmente aqueles com dificuldades motoras, disparem várias teclas ao mesmo tempo.

Figura 2.36 – Colmeia ou máscara de teclado

Iná Trigo

A colmeia também é útil para pessoas que têm dificuldade de concentração perante número elevado de elementos. Nesse caso, tapam-se as teclas não utilizadas com um papel ou outro material, deixando à mostra somente as teclas de interesse.

***Mouse* adaptado**

Há vários modelos de *mouse* adaptados para os alunos que conseguem somente bater ou fechar a mão, puxar um cordão, soprar, sugar ou piscar. A seguir apresentamos alguns modelos fabricados para esse público.

O *switch mouse* possui até oito acionadores de toque simples que correspondem à ação do *mouse*. Cada acionador é um aparelho independente que se adapta à necessidade do usuário e possui uma cor que corresponde a uma função específica. Por exemplo, uma tecla de determinada cor faz o cursor ir para a esquerda, e uma tecla de outra cor faz o cursor ir para baixo.

O *orbitrack* é uma ferramenta que substitui o *mouse* e auxilia o aluno a utilizar o computador. Por meio dele, com apenas um toque, os controles do computador podem ser acionados.

O *roller mouse* substitui o *mouse* convencional por meio de dois roletes que possibilitam o controle dos movimentos direcionais do cursor.

Pulseira de pesos

Quando o aluno tem atetose, isto é, movimentos involuntários de pequena amplitude, recomenda-se o uso de uma pulseira de pesos (Figura 2.37), para facilitar o processo de digitação, pois eles ajudam no controle dos movimentos. O peso da pulseira deve ser determinado de acordo com o uso, pois ela limita a amplitude do movimento.

Figura 2.37 – Pulseira de pesos

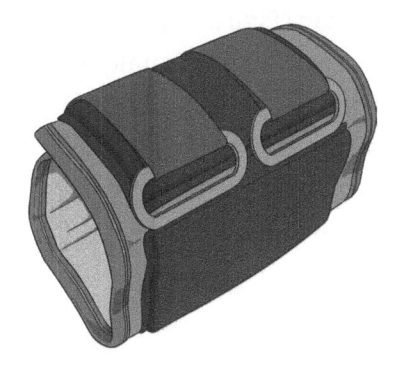

Estabilizador de punho e abdutor de polegar com ponteira para digitação

O estabilizador de punho (Figura 2.38) ajuda a controlar os movimentos na digitação, sendo útil para alunos com tônus muscular flutuante.

Figura 2.38 – Estabilizador de punho

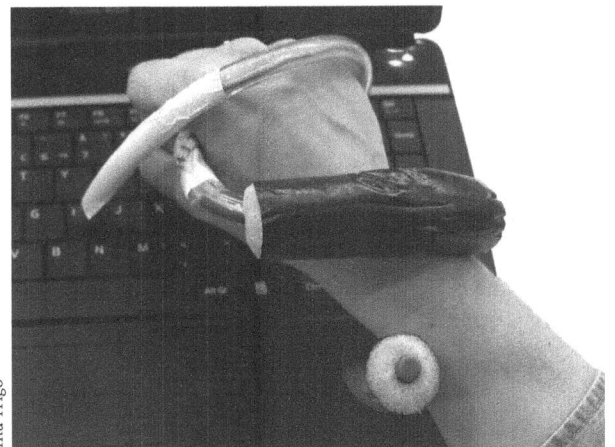

Acionador de pressão

O acionador de pressão (Figura 2.39) é de fácil ativação, a qual ocorre pelo toque na borda ou em qualquer lugar na superfície superior, permitindo a utilização de qualquer equipamento com entrada para acionador.

Figura 2.39 – Acionador de pressão

Iná Trigo

Ponteiras de cabeça

A ponteira de cabeça é recomendada para alunos que têm os movimentos dos membros superiores comprometidos. A ação é controlada pelo movimento da cabeça. Uma variação são as órteses utilizadas para favorecer a digitação, presas pelos dentes, chamadas de *ponteiras de boca*.

Figura 2.40 – Ponteira de cabeça

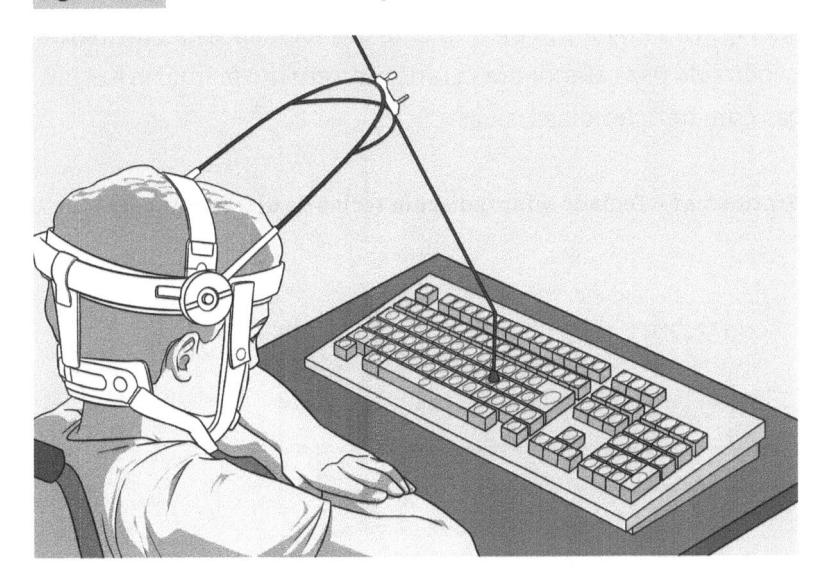

Mouse ocular e teclado virtual

O *mouse* ocular e o teclado virtual permitem que o aluno transmita ao computador sinais de comunicação por meio de piscadas. Esses recursos são destinados a pessoas com tetraplegia ou comprometimento nos movimentos dos membros superiores.

Existem diversos modelos de computadores controlados pelo movimento dos olhos e que facilitam a comunicação entre aluno e computador.

Teclado versátil ou adaptado

Nesses tipos de teclado, há várias lâminas adaptadas que podem apresentar letras maiores e cores variadas, de acordo com as atividades programadas. Essas ferramentas também ajudam a evitar erros causados por movimentos involuntários. Na Figura 2.41, há um exemplo de um teclado, especialmente produzido para atender às crianças do ensino primário e crianças com deficiências físicas.

Figura 2.41 – Teclado adaptado com teclas de diferentes cores

Os exemplos apresentados neste capítulo são apenas algumas das importantes ferramentas que podem ser utilizadas por aqueles que trabalham com pessoas e alunos que apresentam algum tipo de deficiência. Portanto, apresentamos aqui somente um apanhado do que pode ser oferecido e utilizado na tecnologia assistiva.

Síntese

Neste capítulo, apresentamos o conceito de tecnologia assistiva e sua terminologia. Expusemos a elaboração legal do tema, bem como as diferentes categorias e seus respectivos objetivos. Também demonstramos que as legislações brasileira e internacional abrangem as diferentes expressões da pessoa com deficiência com vistas ao exercício da cidadania.

Analisamos, ainda, as diferentes classificações e subdivisões internacionais, em conjunto com a intenção atrelada à elaboração de cada uma delas. De posse dessas informações, torna-se possível compreender os modelos para serviços e projetos de desenvolvimento tecnológico e suas aplicações. Isso mostra como a tecnologia assistiva está engajada em trabalhar para ampliar a compreensão de si própria e as necessidades de diferentes áreas do conhecimento.

E, por fim, com o propóstio de ilustrar a tecnologia assistiva, apresentamos vários recursos adaptados para diferentes alunos: com deficiência visual e auditiva, deficiência física e motora e deficiência intelectual. Assim, percebemos que os recursos da tecnologia assistiva se configuram em coerência com a valorização das diferenças individuais, reconhecendo a diversidade cultural.

Indicações culturais

Filmes

MARCAS do destino. Direção: Peter Bogdanovich. EUA: Universal Pictures, 1985. 120 min.

> Este filme conta a história de Roy L. um menino com displasia craniodiafisária, doença que causa deformação facial. A narrativa se concentra no amor e na determinação da mãe que busca minimizar as dificuldades do filho, comovendo toda a comunidade em que viviam.

O ESCAFANDRO e a borboleta. Direção: Julian Schnabel. França/ EUA: Imovision, 2007. 112 min.

Narração sobre a vida de um jornalista que depois de sofrer um acidente vascular cerebral fica paralisado, tendo somente movimentos no olho esquerdo. O filme mostra as diferentes fases vividas pelo personagem e as modificações radicais que ocorrem em sua vida em decorrência do acidente.

VERMELHO como o céu. Direção: Cristiano Bortone. Itália, 2006. 96 min.

Obra que conta a história de um menino de 10 anos que vive na década de 1970 e adora cinema. Porém, depois de sofrer um acidente, ele perde a visão. Não aceito pela escola em que estudava, passa a viver em um instituto de cegos e lá começa a registrar histórias orais em um velho gravador.

Livro

MANNONI, M. **Educação impossível**. Rio de Janeiro: F. Alves, 1977.

Este livro aborda as práticas educativas excludentes realizadas na década de 1970 nas escolas da França. A autora, uma psicanalista belga, relata experiências realizadas na Escola Experimental de Bonneuil que fugiam dos tradicionais parâmetros educativos, com o objetivo de reinserir na sociedade alunos autistas e psicóticos.

Atividades de autoavaliação

1. (Fepese – 2015 – Prefeitura Municipal de São José) A imagem abaixo mostra um recurso de acessibilidade educacional para alunos com deficiência física, que tem como objetivo colocar o livro na altura dos olhos do aluno para visualizar melhor textos e gravuras.

   Este recurso é conhecido como:

   a) Leitor de tela.
   b) Prancha de comunicação.
   c) Livro acessível.
   d) Livro adaptado.
   e) Plano inclinado.

2. De acordo com a legislação norte-americana, foi desenvolvida a Classificação Nacional de Tecnologia Assistiva do Departamento de Educação dos Estados Unidos, que cataloga dez itens de componentes de recursos, por áreas de aplicação, além de apresentar um grupo de serviços que promove o apoio à avaliação do usuário, a customização e o desenvolvimento de recursos, a integração aos objetivos educacionais e o apoio legal de concessão. Assinale a alternativa que lista esses dez itens:

a) Elementos arquitetônicos; elementos sensoriais; computadores; controles; vida independente; mobilidade; órteses/próteses; recreação/lazer/esportes; móveis adaptados/mobiliário; serviços.

b) Noções básicas de tecnologia assistiva; noções básicas de desenho universal; emprego; prestação de serviços; normalização/qualidade; legislação/economia; recursos de informação; recreação/lazer/esportes; móveis adaptados/mobiliário; serviços.

c) Tópicos sobre a deficiência; aceitação da tecnologia assistiva; seleção de tecnologia assistiva; aconselhamento em tecnologia assistiva; atendimento pessoal; noções básicas de tecnologia assistiva; noções básicas de desenho universal; recreação/lazer/esportes; móveis adaptados/mobiliário; serviços.

d) Elementos arquitetônicos; elementos sensoriais; computadores; controles; vida independente; tópicos sobre a deficiência; aceitação da tecnologia assistiva; seleção de tecnologia assistiva; aconselhamento em tecnologia assistiva; atendimento pessoal.

e) Computadores; mobilidade; atendimento de pessoal; tópicos sobre a deficiência; aceitação da tecnologia assistiva; seleção de tecnologia assistiva; aconselhamento em tecnologia assistiva; atendimento pessoal; noções básicas de tecnologia assistiva; noções básicas de desenho universal.

3. A tecnologia assistiva oferece recursos e estratégias que possibilitam o desenvolvimento de atividades pedagógicas de forma igualitária para todos os alunos. Os recursos para os alunos com deficiência visual se dividem em:
   a) Tecnológicos e não ópticos.
   b) Ópticos e tecnológicos.
   c) Ópticos, não ópticos e tecnológicos.
   d) Ópticos e não ópticos.
   e) Operacionais e tecnológicos.

4. A iluminação adequada possibilita uma maior eficiência para o aluno que apresenta alguma deficiência visual, e o conforto visual faz toda a diferença para seu aprendizado. A esse respeito, indique a alternativa que apresenta um dever do professor:
   a) Prestar atenção se os ambientes da escola como sala de aula, entradas, corredores e banheiros estão iluminados.
   b) Garantir que a claridade indica diretamente sobre os olhos do aluno.
   c) Utilizar espaços em que há reflexos na lousa.
   d) Trabalhar em superfícies brilhantes.
   e) Manter sempre o aluno na mesma posição para evitar variação de luminosidade.

5. Leia o excerto que segue:

"[...] são todo e qualquer item, equipamento ou parte dele, produto ou sistema fabricado em série ou sob medida utilizado para aumentar, manter ou melhorar as capacidades funcionais das pessoas com deficiência." (Sartoretto; Bersch, 2019a).

A seguir, indique a alternativa que preenche corretamente a supressão representada pelo símbolo [...]:

a) Recursos.
b) Ajudas técnicas.
c) Tecnologias assistivas.
d) Metodologias.
e) Serviços.

Atividades de aprendizagem

Questões para reflexão

1. Pesquise o número de pessoas com deficiência em sua cidade, em seu estado e no Brasil. Busque informações sobre quais deficiências são mais comuns e quais são as mais raras. Analise, em sua pesquisa, as necessidades mais comuns e as formas de atender a tais carências.

2. Com a análise realizada na atividade anterior, retome este capítulo e reflita sobre os recursos disponibilizados e a necessidade de maiores acessos a tais recursos pela população.

Atividade aplicada: prática

1. Imagine-se no lugar dos usuários da tecnologia assistiva e faça o exercício de realizar algumas de suas atividades cotidianas sem fazer uso de algum de seus sentidos ou limitando sua mobilidade. Por exemplo, permaneça meia hora com os olhos vendados e tente realizar suas atividades diárias. Faça o mesmo sem o uso da audição, das mãos e/ou das pernas, de forma que você sinta e pense o que é necessário para se adaptar a diferentes situações. Depois disso, analise os recursos apresentados neste capítulo e elabore um pequeno texto em que constem as melhores formas de promover a inclusão para as pessoas com deficiência.

Capítulo 3
Referências normativas
e tecnologia assistiva

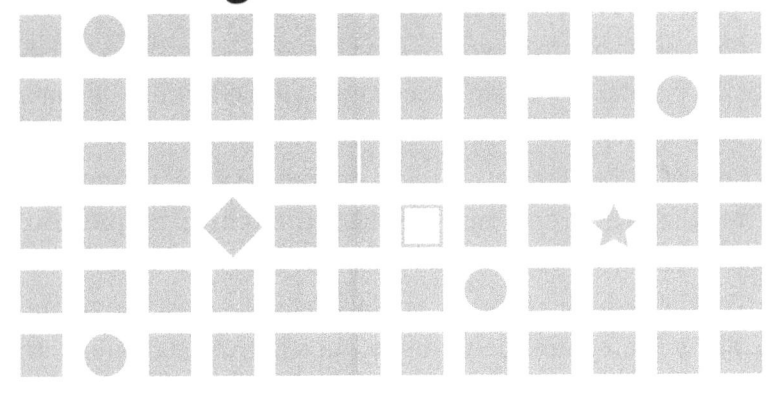

Como explicamos no início desta obra, o termo *tecnologia* remete a "técnica". Dessa forma, para estudar tal assunto, devemos utilizar as referências normativas na aplicação, na elaboração e na utilização da tecnologia assistiva.

Com esse intento, neste capítulo, versaremos sobre a atuação da tecnologia assistiva na mediação dos processos inclusivos, analisando suas categorias e verificando como seus modelos são organizados. Também, compararemos alguns recursos didáticos adaptados e relacionaremos a tecnologia assistiva à acessibilidade.

3.1 A tecnologia assistiva na mediação dos processos inclusivos

A noção de mediação associa-se a uma concepção sócio-histórica de Vygotsky, que entende o ser humano como um ser biológico, histórico e social, isto é, alguém inserido em determinada sociedade e que interage com outros seres humanos. Assim, o sujeito cria uma cultura que o molda e que é, ao mesmo tempo, por ele influenciada.

Cabe neste ponto fazermos uma breve exposição dos trabalhos de Vygotsky. O russo nasceu em 17 de novembro de 1896, em Orsha, e morreu vítima de tuberculose em 11 de junho de 1934 em Moscou. Em seus breves 37 anos de vida, formou-se em Medicina e Direito; durante este último curso, frequentou aulas de História e Filosofia; foi professor de Literatura, Estética e História da Arte; instalou um laboratório de psicologia na Escola de Professores de Gomel e, em sua carreira, publicou mais de 200 pesquisas científicas.

O trabalho de Vygotsky tem como fundamento a relação entre o ser humano e a sociedade. Segundo o pesquisador, as características humanas e culturais são construídas de forma dialética, isto é, ao mesmo tempo em que o ser humano modifica a sociedade, esta influencia a formação do sujeito. Para isso, deve existir uma mediação entre essas duas categorias. Assim, todo o conhecimento é resultado da mediação entre o ser humano e o conhecimento a ser trabalhado.

Dessa forma, a tecnologia assistiva atua como mediadora dos processos inclusivos, dado que os recursos de acessibilidade são instrumentos intermediários entre a pessoa com deficiência e o mundo que a cerca. De acordo com Vygotsky (2002), há três classes de mediadores: (1) signos e instrumentos; (2) atividades individuais; e (3) relações interpessoais. Os instrumentos de mediação são objetos feitos com certa especificidade e guardam em si aquilo que motivou sua criação – no caso em foco, a tecnologia assistiva.

Portanto, os recursos de acessibilidade são instrumentos de mediação para a construção de sentido. Nas pesquisas de Vygotsky, as analogias entre desenvolvimento e aprendizagem tomam lugar de destaque, sobretudo, na educação. Ele avalia que, embora a criança inicie sua aprendizagem muito antes de frequentar a escola, esta confere novos elementos a seu desenvolvimento.

Na visão sócio-histórica de Vygotsky, as interações sociais assumem uma importância mais marcante para os processos do desenvolvimento cognitivo:

um defeito ou problema físico, qualquer que seja sua natureza, desafia o organismo. Assim, o resultado de um defeito é invariavelmente duplo e contraditório. Por um lado, ele enfraquece o organismo, mina suas atividades e age como uma força negativa. Por outro lado, precisamente porque torna a atividade do organismo difícil, o defeito age como um incentivo para aumentar o desenvolvimento de outras funções no organismo; ele ativa, desperta o organismo para redobrar atividade, que compensará o defeito e superará a dificuldade. Esta é uma Lei geral, igualmente aplicável à biologia e à psicologia de um organismo: o caráter negativo de um defeito age como um estímulo para o aumento do desenvolvimento e da atividade. (Vygotsky, 2002, p. 233)

Segundo o autor, a criança com deficiência não é menos desenvolvida que seus contemporâneos; ela apenas apresenta um desenvolvimento diferenciado. Uma deficiência não deve ser vista como um impedimento, mas como uma condição que proporciona possibilidades de trocas e relações significativas que favoreçam a formação educacional. Vygotsky pesquisou crianças com sérios problemas relacionados a *deficiência mental*, termo utilizado na época para se referir a pessoas cegas, surdas, com Síndrome de Down ou com lesão cerebral. O enfoque do autor se dá nas possibilidades oferecidas pelas mediações estabelecidas.

Podemos perceber que tais pensamentos são atuais e coincidem com a educação inclusiva. Essa visão volta-se para a teoria de Vygotsky (2002), quando este afirma que a inteligência não é inata, mas construída pelas trocas com o meio ambiente. Assim, a interdependência dos processos de desenvolvimento e aprendizagem tem uma relevante implicação pedagógica.

Daí a relação entre aprendizagem e desenvolvimento que aparece em seu conceito de zona de desenvolvimento proximal (ZDP) (Vygotsky, 2002), que pode ser explicado da seguinte forma: o nível de desenvolvimento real é aquele no qual se consegue solucionar um problema de forma independente, ou seja, refere-se às habilidades ou competências já alcançadas; já o nível de desenvolvimento potencial é aquele em que a pessoa necessita de orientação ou mediação de um adulto ou de colegas para chegar à solução de um problema. Assim, o termo *potencial* se expressa como *possível* em condições e contextos favoráveis.

Conforme exposto na Figura 3.1, a ZDP faz a mediação entre os conhecimentos já consolidados (zona de desenvolvimento real) e aqueles que ainda não foram (zona de desenvolvimento potencial).

Figura 3.1 – Zona de desenvolvimento proximal

Conhecimentos já consolidados

Zona de desenvolvimento real

Zona de desenvolvimento proximal

Conhecimentos ainda não consolidados

Zona de desenvolvimento potencial

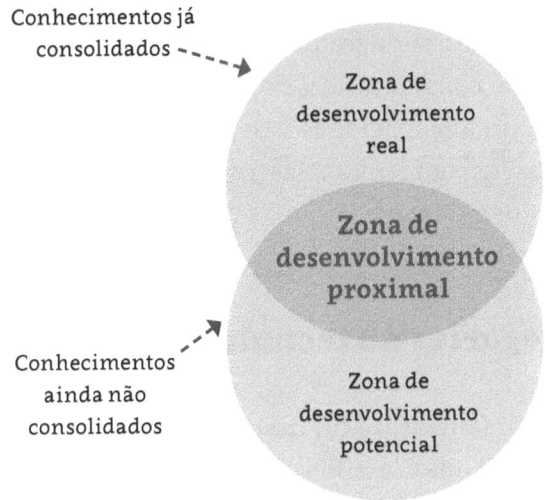

Fonte: Elaborado com base em Vygotsky, 2002.

Todo aluno, tenha ou não alguma deficiência, tem mais capacidade de aprender quando há ajuda do outro, seja este o professor, os pais, os colegas ou os companheiros. Com isso, destaca-se a natureza social do aprendizado e volta-se o olhar para as potencialidades de todos, principalmente no que diz respeito à necessidade de fornecer condições para que o processo de aprendizagem humana se realize.

Ao estudar os processos cognitivos de crianças com deficiência, Vygotsky (2002) percebeu que estas têm um impulso para a superação de suas dificuldades e, para tal, criam diferentes modos de compensação. O autor vê uma dimensão positiva nas limitações das deficiências e a compara com a reação do corpo humano quando recebe uma vacina; o organismo, ao ser inoculado, adquire mais resistência e reage de forma positiva à doença.

Ainda, o teórico identifica a necessidade de se trabalhar com os processos compensatórios, os quais estão diretamente relacionados à forma como a sociedade trata da deficiência apresentada. Isso se dá tanto na dimensão psicológica quanto na biológica, considerando-se principalmente as pesquisas voltadas para a plasticidade cerebral e a aceleração do surgimento das vias compensatórias (novas redes neurais) advindas de estímulos externos.

3.2 Categorias da tecnologia assistiva

Em 1980, a Organização Mundial da Saúde publicou em caráter experimental uma Classificação Internacional de Deficiências, Incapacidades e Desvantagens (ICIDH, do inglês International

Classification of Impairments, Disabilities and Handicaps), também conhecida como Classificação Internacional de Funcionalidade, Incapacidade e Saúde (CIF). O objetivo geral da CIF é unificar e padronizar as denominações dos componentes da saúde e de outros relacionados a ela (uma visão geral dos conceitos apresentados na CIF já foi explicitada no Capítulo 1 desta obra – retome-o para relembrar tais noções).

Como já discutimos, a CIF utiliza uma escala genérica para classificar os três componentes: funções e estruturas do corpo; atividades e participação; e fatores ambientais. Observe o Quadro 3.1 para compreender como os capítulos da CIF estão organizados.

Quadro 3.1 – Escala genérica de classificação da CIF

Funções do corpo	Funções mentais; funções sensoriais e dor; funções de voz e fala; funções dos sistemas cardiovascular, hematológico, imunológico e respiratório; funções dos sistemas digestivo, metabólico e endócrino; funções geniturinárias e reprodutivas; funções neuromusculoesqueléticas e relacionadas ao movimento; funções da pele e estruturas relacionadas.
Estruturas do corpo	Estruturas do sistema nervoso; olho, ouvido e estruturas relacionadas; estruturas relacionadas à voz e à fala; estruturas dos sistemas cardiovascular, hematológico, imunológico e respiratório; estruturas relacionadas aos sistemas digestivo, metabólico e endócrino; estruturas relacionadas aos sistemas geniturinário e reprodutivo; estruturas relacionadas ao movimento; à pele e a estruturas relacionadas.

(continua)

(Quadro 3.1 – conclusão)

Atividades e participação	Aprendizagem e aplicação de conhecimento; tarefas e demandas gerais; comunicação; mobilidade; cuidado pessoal; vida doméstica; relações e interações interpessoais; áreas principais da vida; vida comunitária, social e cívica.
Fatores ambientais	Produtos e tecnologia; ambiente natural e mudanças ambientais feitas pelo ser humano; apoio e relacionamentos; atitudes; serviços, sistemas e políticas.

Fonte: Elaborado com base em CIF, 2004, p. 31-32.

A CIF utiliza os conceitos expostos no Quadro 3.2, a seguir.

Quadro 3.2 – Visão geral dos componentes da CIF

Funções do corpo	Funções fisiológicas dos sistemas orgânicos (incluindo as funções psicológicas).
Estruturas do corpo	Partes anatômicas do corpo, tais como órgãos, membros e seus componentes.
Deficiências	Problemas nas funções ou na estrutura do corpo, como um desvio importante ou uma perda.

Fonte: Elaborado com base em CIF, 2004, p. 13.

Com relação às atividades e participações ou limitações de atividades, a organização dada pela CIF é a exposta no Quadro 3.3.

Quadro 3.3 – Limitações de atividades e restrições de participação

Atividade	Execução de uma tarefa ou ação por um indivíduo.
Participação	Envolvimento numa situação da vida.
Limitações de atividades	Dificuldades que um indivíduo pode encontrar na execução de atividades.
Restrições de participação	Problemas que um indivíduo pode experimentar no envolvimento com situações reais da vida.

Fonte: Elaborado com base em CIF, 2004, p. 13.

Por sua vez, os fatores contextuais que influenciam a classificação (CIF, 2004, p. 13) são divididos em:

- **Fatores ambientais** – Constituem o ambiente físico, social e atitudinal no qual as pessoas vivem e conduzem sua vida.
- **Fatores pessoais** – São o histórico particular da vida e do estilo de vida de um indivíduo e englobam as características do indivíduo que não são parte de uma condição ou estado de saúde.

Os recursos de tecnologia assistiva, de acordo com Bersch (2017), são categorizados de acordo com seus objetivos e suas funcionalidades, e há diferentes categorias de recursos e materiais que a compõem. Como mencionamos anteriormente, as diferentes categorias de recursos e materiais que abrangem a tecnologia assistiva são segundo Bersch (2017):

- auxílios para a vida diária e vida prática;
- comunicação aumentativa e alternativa;
- recursos de acessibilidade ao computador;
- sistemas de controle de ambiente;
- projetos arquitetônicos para acessibilidade;
- órteses e próteses;
- adequação postural;
- auxílios de mobilidade;
- auxílios para cegos ou para pessoas com visão subnormal;
- auxílios para pessoas com surdez ou com *deficit* auditivo;
- adaptações em veículos.

Tais categorias de recursos devem necessariamente ser observadas para a efetivação da educação inclusiva.

3.3 Modelos de tecnologia assistiva

A tecnologia assistiva acolhe diferentes incapacidades e funcionalidades. Para explicar tal atendimento, foram criados diferentes modelos conceituais, destavcam-se dois em especial: o médico e o social.

O **modelo médico** considera a incapacidade uma dificuldade advinda de doença, trauma ou enfermidade. Nessa visão, o tratamento deve ser realizado por profissionais da área da saúde, e o objetivo primeiro é buscar a cura ou a adaptação do paciente. Tal modelo é politicamente visto como o principal, e é dele que surgem as legislações referentes à saúde.

Por sua vez, o **modelo social** tem uma visão mais ampla com relação à incapacidade. Nesse modelo, a sociedade deve se moldar às necessidades dos indivíduos. Assim, a inclusão social parte da responsabilidade de todos na realização de adaptações em ambientes, processos e, principalmente, atitudes. Tal visão está ligada diretamente aos direitos humanos e à ação social.

Percebemos que, embora alguns de seus conceitos sejam contrapostos, as duas visões se complementam. Abrangendo essas duas faces da questão, a CIF propõe a **abordagem biopsicossocial**, pela qual a integração desses dois modelos traria mais coerência para a tomada de posição perante a adaptabilidade e a aceitação da pessoa com necessidades especiais. Essa posição fica explícita quando se examinam a Portaria Interministerial n. 362, de 24 de outubro de 2012, e o Decreto n. 3.298, 20 de dezembro de 1999, que elencam os materiais e produtos disponíveis aos usuários.

A Portaria Interministerial n. 362/2012 (Brasil, 2012e) "dispõe sobre o limite de renda mensal dos tomadores de recursos nas operações de crédito para aquisição de bens e serviços de Tecnologia Assistiva destinados às pessoas com deficiência e sobre o rol dos bens e serviços". Tal portaria, em seu Anexo II, organiza as categorias de tecnologia assistiva de bens e serviços para as quais é dispensável a recomendação de profissional de saúde. Condensamos no Quadro 3.4 tais informações.

Quadro 3.4 – Categorias de tecnologia assistiva de bens e serviços que não necessitam de recomendação de profissional saúde disposta na Portaria Interministerial n. 362/2012

Auxílios para a vida diária e a vida prática	
Definição	Exemplos
"Materiais e produtos que favoreçam desempenho autônomo e independente em tarefas rotineiras ou facilitam o cuidado de pessoas em situação de dependência de auxílio, nas atividades como alimentar-se, cozinhar, vestir-se, tomar banho e executar necessidades pessoais. Incluem-se nesta área recursos de atividades de vida prática, utilizados no apoio a ações como as da escola."	• Talheres modificados. • Suportes para utensílios domésticos. • Abridores de potes e/ou de latas. • Copo ou caneca adaptado. • Pratos adaptados ou adaptadores de pratos. • Escovas de banho adaptadas. • Cadeira higiênica. • Assentos para sanitário. • Redutor de assento para sanitário. • Escova de dente elétrica. • Adaptação para escova dental. • Adaptação geral de membro superior. • Suporte para cortador de unha. • Adaptações e recursos para banho. • Adaptações de tecnologia simples. • Banheira de higiene de cabeça. • Substituto de preensão ou órtese funcional com engate para utensílios variados. • Tesouras adaptadas. • Engrossadores de diferentes tamanhos e formas ou adaptações que favoreçam ou alterem a preensão. • Prancha inclinada. • Jogos educativos acessíveis ou adaptados. • Recursos para transferência. • Cinta para transferências. • Guincho doméstico para transferências. • Pegadores.

(continua)

(Quadro 3.4 – continuação)

- Recursos e adaptações para fechar botões e zíperes.
- Adaptações para calçador de meias.
- Cadarços especiais.
- Protetores – luvas e protetores de cotovelo e joelhos.
- Roupas desenhadas para facilitar o vestir e o despir.
- Identificador de cédulas e cores.
- Relógio de pulso vibratório.
- Relógio despertador vibratório.

Recursos de acessibilidade ao computador

Definição	Exemplos
"Conjunto de hardware e software especialmente idealizado para tornar o computador acessível a pessoas com privações sensoriais (visuais e auditivas), intelectuais e motoras. Inclui dispositivos de entrada (mouses, teclados e acionadores diferenciados) e dispositivos de saída."	• Auxiliares para a digitação. • Teclado alternativo e programável. • Teclado especial com possibilidade de reversão de função *mouse*/teclado. • Lâminas de adequação de teclado. • *Softwares* de teclado virtual com dispositivo de varredura. • *Mouse* estacionário de esfera superior. • *Mouse* por toque. • *Mouse* expandido com funções separadas. • *Mouse* composto por teclas individuais de função. • *Mouse* controlado pelo movimento de lábios. • *Mouse* adaptado com plugues de entrada para acionadores. • Interface dedicada para conectar acionadores. • Acionadores – chave de contato momentâneo. • Controle de computador com o movimento da cabeça. • Acionador projetado para ser usado com a boca, através do sopro e sucção. • Acionador eletrônico pelo olhar. • *Software* de reconhecimento de voz. • Controle de computador por ondas cerebrais

Sistemas de controle de ambiente

Definição	Exemplos
"Através de um controle remoto, as pessoas com limitações motoras podem ligar, desligar e ajustar aparelhos eletroeletrônicos como a luz, o som, televisores, ventiladores, executar a abertura e fechamento de portas e janelas, receber e fazer chamadas telefônicas, acionar sistemas de segurança, entre outros, localizados em seu quarto, sala, escritório, casa e arredores."	• Sistemas de alarme com sensores. • Sistema de automação domiciliar. • Sistema de chave eletrônico. • Sistema de controle de aparelhos domésticos.

(Quadro 3.4 – continuação)

\multicolumn{2}{c}{Projetos arquitetônicos para acessibilidade}
Definição	Exemplos
"Projetos de edificação e urbanismo que garantam acesso, funcionalidade e mobilidade a todas as pessoas, independentemente de sua condição, intelectual e sensorial."	• Elevador adaptado para domicílios. • Banco articulado de banheiro. • Banqueta articulada com apoio de braços para banho. • Apoio de parede com assento para banheiro. • Barras de apoio. • Identificação de orientações (placas) para acessibilidade. • Sinalização tátil. • Piso tátil.

Auxílios para qualificação da habilidade visual e recursos que ampliam a informação a pessoas com baixa visão ou cegas	
Definição	Exemplos
"Categoria dos equipamentos que promovem a independência das pessoas com deficiência visual na realização de tarefas."	• Linha braille ou *display*. • Teclado ampliado. • Leitor de livros digitais falados Daisy. • Digitalizador e leitor autônomo de textos. • Folheador eletrônico automático. • Impressora braille e tinta. • Impressora braille. • Máquina fusora – transforma imagens impressas ou desenhadas com caneta preta especial em relevos. • Mesa tátil. • *Mouse* para aprendizado braille. • Leitor de telas – Jaws. • *Software* leitor de telas – Windows eyes. • *Software* ampliador de tela com leitor de tela auxiliar. • Ampliador portátil – de textos e imagens com autofoco e contraste. • Máquina de escrever braille elétrica. • Relógio tátil ou falado. • Bengala de alumínio dobrável. • Rotuladora braille. • Relógio adaptado. • Calculadoras faladas. • Jogos sensoriais táteis. • Reglete de mesa. • Punções. • Soroban.

Auxílios para ampliação da habilidade auditiva e para autonomia na comunicação de pessoas com déficit auditivo, surdez e surdo-cegueira	
Definição	Exemplos
–	• Dispositivos de conversão de sons. • Telefones com teclado-teletipo (TTY, TDD ou TS). • Videofones. • *Softwares* de conversão de voz. • Textos e dicionários digitais em Língua de Sinais.

(Quadro 3.4 – conclusão)

Adaptações em veículos e em ambientes de acesso ao veículo	
Definição	Exemplos
"Acessórios e adaptações que possibilitam uma pessoa com deficiência física dirigir um automóvel ou ser deslocado por meio dele."	• Plataforma elevatória para o veículo. • Rampas de acesso ao carro. • Facilitadores de embarque e desembarque. • Banco móvel de carro. • Banco rotante. • Autoguincho. • Adequação de veículos para direção segura da pessoa com deficiência.

O Decreto n. 3.298 assim trata das ajudas técnicas em seu art. 19:

Art. 19. Consideram-se ajudas técnicas, para os efeitos deste Decreto, os elementos que permitem compensar uma ou mais limitações funcionais motoras, sensoriais ou mentais da pessoa portadora de deficiência, com o objetivo de permitir-lhe superar as barreiras da comunicação e da mobilidade e de possibilitar sua plena inclusão social.

Parágrafo único. São ajudas técnicas:

I – próteses auditivas, visuais e físicas;

II – órteses que favoreçam a adequação funcional;

III – equipamentos e elementos necessários à terapia e reabilitação da pessoa portadora de deficiência;

IV – equipamentos, maquinarias e utensílios de trabalho especialmente desenhados ou adaptados para uso por pessoa portadora de deficiência;

V – elementos de mobilidade, cuidado e higiene pessoal necessários para facilitar a autonomia e a segurança da pessoa portadora de deficiência;

VI – elementos especiais para facilitar a comunicação, a informação e a sinalização para pessoa portadora de deficiência;

VII – equipamentos e material pedagógico especial para educação, capacitação e recreação da pessoa portadora de deficiência;

VIII – adaptações ambientais e outras que garantam o acesso, a melhoria funcional e a autonomia pessoal; e

IX – bolsas coletoras para os portadores de ostomia. (Brasil, 1999a)

Logo, o texto legal desconsidera produtos, instrumentos, equipamentos ou tecnologias adaptados ou especialmente projetados para melhorar a funcionalidade de pessoas com deficiência ou com habilidade reduzida.

3.4 Recursos didáticos adaptados

Os recursos didáticos constituem importantes ferramentas para a aprendizagem significativa. Eles devem ser amplamente utilizados para enriquecer discussões teóricas e práticas, dando sentido às experiências desenvolvidas didaticamente. Entretanto, elas não podem ter um fim em si mesmas, isto é, precisam ser concebidas com base em um objetivo claro, o qual possa auxiliar efetivamente na aprendizagem. Daí a importância de o professor ter competência didático-pedagógica para fazer bom uso de tais recursos, assim como muita criatividade para adaptá-los a diversos alunos.

Na educação especial, como em todo processo educativo, é fundamental o uso de recursos didáticos, mas nesse caso estes precisam ser adaptados. Segundo Cerqueira e Ferreira

(2000, p. 24), "talvez em nenhuma outra forma de educação os recursos didáticos assumam tanta importância como na educação especial de pessoas deficientes".

Outro ponto a ser considerado é o conhecimento específico exigido pelos profissionais envolvidos no processo de inclusão no ambiente escolar. Sob essa ótica, o conhecimento das adaptações curriculares e o uso de recursos didáticos adaptados são primordiais. É preciso levar em conta que tais recursos devem ser voltados para os alunos. Assim, a participação deles na elaboração, na confecção e na utilização desses recursos é riquíssima – evidentemente, desde que ocorra com muito planejamento do professor, que precisa saber como utilizar tais ferramentas.

É na educação especial que se desenvolvem os recursos pedagógicos cujo planejamento demanda mais cuidado; isso porque existe a preocupação com a adaptação e os resultados dos processos. Incluir os alunos com deficiência e lhes oferecer todos os recursos necessários promove, assim, um avanço social premente.

Conhecer os processos educativos e minimizar os problemas de interação torna o professor um profissional melhor. Portanto, ter a ciência do quanto é importante para a formação dos alunos dispor de recursos que os auxiliem é o que faz a inclusão ser real.

É preciso lembrar também os obstáculos que nossa realidade impõe. Embora existam subsídios legais, em alguns casos eles nem sequer chegam às escolas. Muitas vezes, a confecção de materiais e recursos acaba sendo o caminho mais rápido e prático, aproximando o necessário do real. Isso exige do profissional da educação vontade, criatividade e disponibilidade, além de conhecimentos mínimos relacionados às diferentes necessidades.

De modo genérico, os recursos didáticos podem ser classificados, de acordo com Cerqueira e Ferreira (2000, p. 1), como:

- **Naturais**: elementos de existência real na natureza, como a água, pedras, animais.
- **Pedagógicos**: quadro, flanelógrafo, cartaz, gravura, álbum seriado, slide, maquete etc.
- **Tecnológicos**: rádio, toca-discos, gravador, televisão, videocassete, computador, ensino programado, laboratório de línguas.
- **Culturais**: bibliotecas públicas, museus, exposições.

Certos recursos didáticos exigem que se atendam alguns critérios para sua confecção. Por exemplo, o tamanho dos recursos é um fator importante, pois eles precisam ser confeccionados em dimensões adequadas às condições dos alunos e segundo sua finalidade. Quando muito pequenos, tais recursos podem ser perdidos, engolidos, e dificilmente ajudam no trabalho coletivo, por não ressaltarem os detalhes. Por sua vez, aqueles muito grandes atrapalham a circulação e a compreensão da totalidade e dão mais trabalho para serem confeccionados – ainda, por vezes, são mais dispendiosos.

Nesse sentido, a significação tátil é muito importante. O uso de material com relevo, texturas e espessuras diferentes auxilia na percepção e torna o material mais rico e interessante. Entretanto, é preciso ter cuidado com materiais que possam machucar, irritar ou transmitir rejeição pelo cheiro, pela forma ou pela composição. O manuseio deve ser simples, seguro, resistente e prático. Tal manipulação ajuda no desenvolvimento da percepção tátil. Também as cores dão destaque para as partes e devem ser utilizadas, e quanto mais o material tiver aproximação com a representação do real, melhor será. Ainda, os sons devem ser usados para aproximar os recursos dos usuários.

De acordo com Cerqueira e Ferreira (2000, p. 2), a melhor aplicação dos recursos didáticos está relacionada com: "capacidade do aluno; experiência do educando; técnicas de emprego; oportunidade de ser apresentado; uso limitado, para não resultar em desinteresse".

Evidentemente, o conjunto de recursos utilizados deve estar em sintonia com as estratégias pedagógicas também adaptadas. Nesse sentido, as diretrizes curriculares são flexíveis a fim de atender não só às diferenças existentes, mas também a seleção de conteúdo, os processos metodológicos, a avaliação e todos os fazeres que integram o processo de ensino-aprendizagem.

A seguir, no Quadro 3.5, categorizamos os recursos da tecnologia assistiva organizados por Assis e Almeida (2011): nome dos recursos; descrição funcional; categoria; e classificação.

Quadro 3.5 – Descrição das tecnologias assistivas do catálogo de publicações e da proposta das SRMF da SEESP/MEC

Categorias	Catálogo de publicações SEESP/MEC	SRM
Adaptações pedagógicas 24	2 tesouras, uma elétrica outra adaptada; apontador e régua adaptados; 2 órteses para escrita; pulseira imantada para inibição de movimentos involuntários; engrossadores feitos [de] espuma e de epóxi; 2 separadores de páginas adaptados um com adaptação feita de velcro, outro com espuma; luva de dedo para facilitar o processo de virar a página; vira-páginas mecânico; 2 quadros adaptados destinados a escrita, um confeccionado com velcro, outro com imã; suporte para lápis; 3 jogos pedagógicos adaptados com velcro e/ou imã e/ou textura e/ou peso para aquisição de conceitos pré-escolares, numerais e multiplicação; separador de material dourado, caderno de elástico; abecedário lavável; cadernos de madeira imantado; e máquina de escrever convencional ou elétrica.	
Elementos Arquitetônicos 21	Acessibilidade na escola: rampas; guarda-corpo ao redor das rampas; elevadores, portas e corredores largos; circulação livre de obstáculos; calçada com rebaixamento de guias; chão pavimentado e regular; espaço de espera para cadeirantes; mesa, quadro-negro e bebedouro em altura acessível ao cadeirante.	

(continua)

(Quadro 3.5 – continuação)

Categorias	Catálogo de publicações SEESP/MEC	SRM
Elementos Arquitetônicos 21	Acessibilidade no banheiro: torneira em forma de alavanca, barras de apoio lateral perto dos vasos sanitários, espelhos inclinados do lavatório para que cadeirantes possam se ver, descarga em altura acessível e tipo alavanca. Acessibilidade nos veículos: plataforma elevatória nos transportes; cintos adaptados; barras de apoio no interior dos veículos.	
Lazer/ recreação/ esporte 21	Dominó de cores, de quantidades em relevo, de figuras geométricas, de texturas e de meios de transporte; quebra-cabeça em cubos; caixa de estímulos; jogos de adivinhação; jogo da memória; vamos vestir a boneca?; quebra-cabeça imantado; pés e mãos de borracha; tangram imantado; ábaco de argolas; correspondência um a um; correspondência; pescaria, livro de texturas; bingo de palavras e letras; jogo de inversão e rotação.	
Elementos Sensoriais 17	Pastas, ficheiros, carteira e avental de comunicação; pranchas de comunicação com estímulos removíveis; pranchas temáticas; prancha frasal de comunicação; prancha fixa sobre a carteira; objetos reais em miniatura; jogos confeccionados com símbolos de comunicação alternativa; livros confeccionados com símbolos de comunicação alternativa; vocalizadores (Go Talk, Zygo Talara e Spok 21); e *software* de comunicação alternativa (Speaking Dynamically; Pro, Comunique e Prancha Livre de Comunicação).	*Software* comunicação alternativa

(Quadro 3.5 – conclusão)

Categorias	Catálogo de publicações SEESP/MEC	SRM
Dispositivo e Acessórios Computacionais Especiais 13	Mouses adaptados (joystick, trackbal, mouse mover, tracker pro, integra mouse, my tobi); acionadores; colmeia, ponteira, teclado virtual, monitor sensível ao toque, teclado intelikeys, Alpha smart 3000 (dispositivo destinado a escrita que pode funcionar também junto ao computador).	Teclado com colmeia; acionador de pressão; mouse com entrada para acionador
Mobilidade 10	Adaptação de cadeira de rodas (almofada com contenções laterais, cinto, encosto para cabeça, apoio para os pés, antiderrapante no assento); poltrona postural; muletas; andadores; próteses; cadeira de rodas.	
Mobiliário/equipamento modificados 8	Plano inclinado; carteira ou mesa adaptada (dobradiças, recorte, caneletas de madeira ou PVC ao redor e cantos arredondados); cantinho para posicionamento; cavalo de abdução; calça de posicionamento; cadeiras com assentos giratórios e altura ajustáveis; descanso para os pés; e suporte para livros.	
Adaptações de atividade de vida diária 6	Bandejas e tábuas com recorte; pratos com ventosas e bordas altas; copos adaptados com base mais pesada, borda recortada ou com duas alças; talheres, pentes e escova de dente adaptados.	

Nota: SRM = Sala de recursos multifuncionais.
Fonte: Assis; Almeida, 2011, p. 1773-1774.

Não há dúvidas de que essa lista tende a aumentar cada vez mais. Assim, torna-se necessário que professores, pais e interessados busquem sempre novidades e divulguem as que são pertinentes para cada caso.

3.5 Tecnologia assistiva e acessibilidade

É preciso considerar a importância da acessibilidade e as ofertas tecnológicas existentes para tal, mesmo que se apresentem numa lógica de volatilidade e mutabilidade. De acordo com Sonza et al. (2013, p. 7):

> É preciso conhecer para acolher e, depois, quebrar estigmas enraizados por anos, derrubar não só as barreiras arquitetônicas ou de comunicação, mas também as atitudinais. É preciso perceber as potencialidades dessas pessoas e abrir-lhes as portas do mundo físico e virtual, independentemente da limitação ou situação na qual se encontram.

Sassaki (2009) explica que, de acordo com a legislação brasileira vigente, são seis as dimensões da acessibilidade:

1. **Arquitetônica** – Sem barreiras físicas.
2. **Comunicacional** – Sem barreiras na comunicação entre pessoas.
3. **Metodológica** – Sem barreiras nos métodos e nas técnicas de lazer, trabalho, educação etc.
4. **Instrumental** – Sem barreiras, instrumentos, ferramentas, utensílios etc.
5. **Programática** – Sem barreiras embutidas em políticas públicas, legislações, normas etc.
6. **Atitudinal** – Sem preconceitos, estereótipos, estigmas e discriminações nos comportamentos da sociedade para as pessoas que têm deficiência.

A seguir, detalharemos cada uma dessas formas de acessibilidade.

Acessibilidade arquitetônica

O termo *acessibilidade* está relacionado à facilidade de aproximação não só no tratamento, mas também na aquisição – isto é, significa ser atingível e de fácil acesso. Fisicamente, a acessibilidade envolve as áreas da arquitetura e do urbanismo, que se voltam à mobilidade, à segurança e à autonomia total ou assistida, tanto em espaços públicos quanto em particulares.

A esse respeito, de acordo com o documento "Reflexões sobre tecnologia assistiva", elaborado a partir do I Simpósio Internacional de Tecnologia Assistiva do Centro Nacional de Referência em Tecnologia Assistiva (CNRTA):

> A acessibilidade arquitetônica deve ser garantida em todos os ambientes, a fim de que os estudantes e demais membros da comunidade acadêmica e sociedade em geral, tenham efetivado o direito de ir e vir com segurança e autonomia, de acordo com o disposto no Decreto nº 5.296/2004, nos termos da NBR nº 9050/2004 e no artigo 9 da CDPD. Vale destacar que o cumprimento desta norma independe da matrícula de estudante com deficiência no estabelecimento de ensino. (CNRTA; CTI, 2014, p. 13)

Essas informações são subsidiadas por uma legislação específica: a Lei n. 10.098, de 19 de dezembro de 2000, que "estabelece normas gerais e critérios básicos para a promoção da acessibilidade das pessoas portadoras de deficiência ou com mobilidade reduzida" (Brasil, 2000c). Em seu art. 2º, o texto legal prescreve:

Art. 2º Para os fins desta Lei são estabelecidas as seguintes definições:

I – acessibilidade: possibilidade e condição de alcance para utilização, com segurança e autonomia, de espaços, mobiliários, equipamentos urbanos, edificações, transportes, informação e comunicação, inclusive seus sistemas e tecnologias, bem como de outros serviços e instalações abertos ao público, de uso público ou privados de uso coletivo, tanto na zona urbana como na rural, por pessoa com deficiência ou com mobilidade reduzida;

II – barreiras: qualquer entrave, obstáculo, atitude ou comportamento que limite ou impeça a participação social da pessoa, bem como o gozo, a fruição e o exercício de seus direitos à acessibilidade, à liberdade de movimento e de expressão, à comunicação, ao acesso à informação, à compreensão, à circulação com segurança, entre outros, classificadas em:

a) barreiras urbanísticas: as existentes nas vias e nos espaços públicos e privados abertos ao público ou de uso coletivo;

b) barreiras arquitetônicas: as existentes nos edifícios públicos e privados;

c) barreiras nos transportes: as existentes nos sistemas e meios de transportes;

d) barreiras nas comunicações e na informação: qualquer entrave, obstáculo, atitude ou comportamento que dificulte ou impossibilite a expressão ou o recebimento de mensagens e de informações por intermédio de sistemas de comunicação e de tecnologia da informação;

III – pessoa com deficiência: aquela que tem impedimento de longo prazo de natureza física, mental, intelectual ou sensorial, o qual, em interação com uma ou mais barreiras, pode obstruir sua participação plena e efetiva na sociedade em igualdade de condições com as demais pessoas [...];

[...]

VI – elemento de urbanização: quaisquer componentes de obras de urbanização, tais como os referentes a pavimentação, saneamento, encanamento para esgotos, distribuição de energia elétrica e de gás, iluminação pública, serviços de comunicação, abastecimento e distribuição de água, paisagismo e os que materializam as indicações do planejamento urbanístico;

VII – mobiliário urbano: conjunto de objetos existentes nas vias e nos espaços públicos, superpostos ou adicionados aos elementos de urbanização ou de edificação, de forma que sua modificação ou seu traslado não provoque alterações substanciais nesses elementos, tais como semáforos, postes de sinalização e similares, terminais e pontos de acesso coletivo às telecomunicações, fontes de água, lixeiras, toldos, marquises, bancos, quiosques e quaisquer outros de natureza análoga;

VIII – tecnologia assistiva ou ajuda técnica: produtos, equipamentos, dispositivos, recursos, metodologias, estratégias, práticas e serviços que objetivem promover a funcionalidade, relacionada à atividade e à participação da pessoa com deficiência ou com mobilidade reduzida, visando à sua autonomia, independência, qualidade de vida e inclusão social; [...].

(Brasil, 2002c)

Além da Lei n. 10.098, o Decreto n. 5.296, de 2 de dezembro de 2004 (Brasil, 2004a), regulamenta as Leis n. 10.048, de 8 de novembro de 2000, "que dá prioridade ao atendimento às pessoas que especifica", e 10.098, de 19 de dezembro de 2000, "que estabelece normas gerais e critérios básicos para a promoção da acessibilidade das pessoas portadoras de deficiência ou com mobilidade reduzida".

Acessibilidade comunicacional

A acessibilidade comunicacional se refere à busca de subsídios para não haver barreiras na comunicação interpessoal. Assim, ela se volta para a linguagem de sinais, bem como para o uso de recursos como bilhetes, cartazes, gestos, sinais, ampliadores de som etc. Já na comunicação escrita são contemplados os textos em braille, textos com letras ampliadas e o auxílio de intérpretes. Por fim, na comunicação virtual, abrange a utilização de recursos digitais, teclados e *mouses* adaptados, *softwares*, entre outros.

No documento "Reflexões sobre tecnologia assistiva" se faz o seguinte comentário sobre a acessibilidade comunicacional:

> A acessibilidade à comunicação e informação deve contemplar a comunicação oral, escrita e sinalizada. Sua efetividade dá-se mediante a disponibilização de equipamentos e recursos de tecnologia assistiva tais como materiais pedagógicos acessíveis, tradução e interpretação da língua brasileira de sinais (Libras), software e hardware com funcionalidades que atendam tais requisitos de comunicação alternativa, entre outros recursos e serviços demandados pelos estudantes,

tanto na educação básica, quanto nos processos de seleção para ingresso na educação superior, bem como nas atividades de ensino, pesquisa e extensão. (CNRTA; CTI, 2014, p. 13-14)

Acessibilidade metodológica

A acessibilidade metodológica volta-se para a adaptação metodológica, isto é, para métodos e técnicas de ensino-aprendizagem. Nesse sentido, devemos pensar em todo o processo educativo, nas adaptações curriculares, no acesso e envolvimento dos alunos e na avaliação adaptada a cada caso. Isso exige um compromisso de toda a escola e de todo o processo. É comum verificarmos que, ao incluir alguns alunos, muitas vezes acaba-se excluindo outros. Por isso, esse processo exige estudo, análise, pesquisa e troca entre os envolvidos.

Acompanhe a citação a seguir, do texto "Reflexões sobre tecnologia assistiva", sobre a acessibilidade metodológica:

> A garantia de acessibilidade deve ser contemplada no Projeto Político Pedagógico da escola de educação básica e no plano de desenvolvimento da instituição de Educação Superior. Para tanto, deve estar assegurada em seu planejamento e execução orçamentária; na composição do quadro de profissionais; nos projetos pedagógicos dos cursos; no investimento de infraestrutura arquitetônica; nos serviços de atendimento ao público; no sítio eletrônico; no acervo pedagógico e cultural; nos materiais didáticos e pedagógicos; nos equipamentos e demais recursos tecnológicos. (CNRTA; CTI, 2014, p. 14)

Da mesma forma, ela exige um trabalho multidisciplinar, pois é necessário conhecer os limites e as possibilidades dos alunos para, somente assim, oferecer-lhes o melhor para ajudar.

Acessibilidade instrumental

Adaptar instrumentos e utensílios para os alunos é uma tarefa necessária. Muitos professores já fazem uso de alguns recursos no cotidiano, tais como engrossadores de talheres, que podem ser utilizados em lápis e canetas. Mas sempre é necessário observar, pesquisar e oferecer melhores condições de acesso aos instrumentos utilizados na escola e fora dela. Esse processo exige também a troca entre especialistas de diferentes áreas, como engenheiros, médicos e fisioterapeutas que, em conjunto, podem pensar o que pode ser produzido em prol dos alunos.

Acessibilidade programática

A acessibilidade programática busca a supressão de todas as barreiras invisíveis inadvertidamente embutidas em políticas, tais como leis, decretos, portarias, resoluções, ordens de serviço, regulamentos, normas, políticas públicas e outras peças escritas. Tais barreiras se apresentam implicitamente, mas, na prática, impedem ou dificultam para certas pessoas a utilização dos serviços públicos.

Da mesma forma, faz-se necessária uma constante e atenta revisão de todos os programas, regulamentos, portarias e normas da escola, bem como para o uso dos serviços e materiais disponíveis nas bibliotecas escolares, a fim de garantir a exclusão de barreiras que possam impedir ou dificultar a participação plena de todos os alunos, com ou sem deficiência, na vida escolar.

Acessibilidade atitudinal

Há também um envolvimento social voltado à acessibilidade na busca de eliminação de barreiras além do acesso físico – isto é, o acesso social que possibilita a participação na sociedade. Tal envolvimento ocorre por meio de programas e práticas de sensibilização e conscientização das pessoas que convivem na diversidade. Há um processo de quebra de preconceitos, estigmas e estereótipos que precisa se sistematizar em todos os ambientes, a fim de divulgar tal postura.

O processo de inclusão das crianças com necessidades especiais na escola e na sociedade requer conhecimentos específicos dos profissionais envolvidos.

Síntese

Neste capitulo, estudamos sobre a mediação dos processos inclusivos e o embasamento fornecido pela teoria de Vygotsky às relações mediadoras dos processos inclusivos, sempre com vistas à melhoria da condição de vida, preservando a igualdade de oportunidades e assegurando os valores éticos socialmente desejáveis.

Também analisamos a Classificação Internacional de Deficiências, Incapacidades e Desvantagens da Tecnologia Assistiva definida pela Organização Mundial de Saúde (OMS). Apresentamos a escala genérica para classificar seus três componentes: (1) funções e estruturas do corpo; (2) atividades e participação; e (3) fatores ambientais, acompanhados dos respectivos conceitos.

Em acréscimo, discutimos modelos de tecnologia assistiva, como o médico e o social, além da relação de recursos e serviços disponibilizados às pessoas com deficiência. Com relação à educação, abordadamos conceitos relacionados aos recursos didáticos adaptados, a saber: naturais, pedagógicos, tecnológicos e culturais.

Finalizamos o capítulo buscando estabelecer a relação entre tecnologia assistiva e acessibilidade, sendo que esta pode se desenvolver por meio dos seguintes olhares: arquitetônico, comunicacional, metodológico, instrumental, programático e atitudinal.

Indicações culturais

Filmes

COMO estrelas na terra, toda criança é especial. Direção: Aamir Khan. Índia: Aamir Khan Productions, 2007. 165 min.

> Este filme conta a história de Ishaan Awathi, um menino disléxico de 9 anos. A criança não é compreendida no ambiente familiar, nem no escolar; por esse motivo, é enviada para um orfanato no qual perde o único interesse que demonstrava ter: a arte. Com a chegada de um professor substituto, tudo muda para o menino, principalmente porque o docente também tem dislexia.

AS CORES das flores. JWT: Madrid, 2010. 4 min.

> Este curta-metragem narra um epsódio em que um menino cego tem como tarefa escrever uma redação com a seguinte temática: as cores das flores.

A FAMÍLIA Belier. Direção: Eric Lartigau. França/Bélgica: Mars Distribution; Paris Filmes; NOS Lusomundo Audiovisuais, 2014. 105 min.

Este longa conta a história de Paula, uma menina de 16 anos que têm pais e irmãos surdos. Por ser a única ouvinte, ela é a interprete da família. A trama do filme volta-se para a difícil decisão da menina em estudar música e deixar a família que depende dela.

Livro

PERRENOUD, P. **A pedagogia na escola das diferenças**. Porto Alegre: Artmed, 2001.

Esta obra relaciona o fracasso escolar às desigualdades sociais existentes nas escolas atuais. Além disso, apresenta uma reflexão sobre a necessidade de repensar os papéis da educação, do professor e dos processos a fim de executar o projeto escolar de forma eficiente. Traz como resposta a tais anseios a individualização dos trabalhos com os alunos e a necessidade de considerar os diferentes contextos sociais e culturas de alunos e professores. Trata-se de uma obra de extrema importância para quem trabalha com a escola inclusiva.

Atividades de autoavaliação

1. Quando pensamos em mediação, remetemo-nos a uma concepção sócio-histórica, a um estudo sociogenético do ser humano. A mediação constitui relações com as condições

biológicas, especialmente nos aspectos neurológicos, bem como na tentativa de evitar reducionismos e simplificações de qualquer espécie. Tal pensamento tem embasamento nas teorias de qual autor trabalhado neste capítulo?
a) Lev Vygotsky.
b) Jean Piaget.
c) Paulo Freire.
d) Madalena Freire.
e) Burrhus Skinner.

2. Ao estudar os processos cognitivos de crianças com deficiência, Vygotsky (2002) percebeu que elas revelam um impulso para a superação de dificuldades e, para tal, criam diferentes modos de compensação. A esse respeito, analise as seguintes asserções:
I) O autor vê uma dimensão positiva nas limitações das deficiências e a compara com a reação do corpo humano quando recebe uma vacina; o organismo, ao ser inoculado, adquire mais resistência e reage de forma positiva à doença.
II) O autor determina a necessidade de se trabalhar com os processos compensatórios, os quais estão relacionados diretamente com a forma como a sociedade trata a deficiência apresentada.
III) Todo aluno, seja ou não deficiente, tem mais capacidade de aprender quando há ajuda do outro, seja este o professor, os pais, os colegas ou companheiros.

A seguir, assinale a alternativa que apresenta todas as afirmnativas corretas:

a) I.
b) II.
c) III.
d) II e III.
e) I, II e III.

3. Segundo Bersch (2017), os recursos de tecnologia assistiva são classificados conforme os objetivos ou o funcionamento a que se destinam. Dessa forma, várias classificações de tecnologia assistiva foram criadas para atender a diferentes finalidades. A autora aponta, ainda, que há diversas categorias de recursos e materiais que compõem a tecnologia assistiva. A esse respeito, verifique as asserções a seguir:

I) Auxílios para a vida diária e vida prática.
II) Recursos de acessibilidade ao computador.
III) Projetos arquitetônicos.

A seguir, assinale a alternativa que apresenta todas as afirmnativas corretas:

a) I e II.
b) II e III.
c) I e III.
d) I, II e III.
e) II.

4. A tecnologia assistiva busca diminuir as dificuldades relacionadas a certas incapacidades e funcionalidades. Elas foram organizadas em modelos conceituais para facilitar sua aplicação. Quais são eles?
   a) Modelos médico e psicológico.
   b) Modelos psicológico e social.
   c) Modelos médico e social.
   d) Modelos médico e assistencial.
   e) Modelos educacional e psicológico.

5. Conhecer os processos educativos e minimizar os problemas de interação faz de todo professor um profissional melhor. Portanto, conhecer a importância, para a formação dos alunos, de dispor de recursos que os auxiliem é o que faz a inclusão ser real. Assim, genericamente, de acordo com Cerqueira e Ferreira (2000), de que forma tais recursos podem ser classificados?
   a) Naturais, cognitivos, psicológicos e culturais.
   b) Psicológicos, pedagógicos, tecnológicos e culturais.
   c) Psicológicos, pedagógicos, cognitivos e culturais.
   d) Naturais, pedagógicos, tecnológicos e culturais.
   e) Cognitivos, culturais, sociais e ambientais.

Atividades de aprendizagem

Questões para reflexão

1. De todos os materiais sobre os quais comentamos neste capítulo, quais são amplamente empregados nas escolas que você conhece e de que forma eles vêm sendo utilizados? Se preciso, entre em contato com algumas escolas para verificar essa informação. Em seguida, compare suas conclusões com os conceitos apresentados neste capítulo.

2. Com base nas reflexões ou descobertas da atividade anterior, reflita sobre a falta de conhecimento do pontencial de tais recursos, bem como sobre a falta de investimento em pesquisas para seu desenvolvimento. Quais são as implicações dessas falhas para o público da tecnologia assistiva?

Atividade aplicada: prática

1. Visite escolas que atendem alunos da educação especial e analise os materiais de tecnologia assistiva disponíveis. Verifique se estão ausentes alguns deles, considerando sua importância para o público atentido. Você considera que haveria uma possível melhoria no atendimento inclusivo se ocorresse um maior investimento em tecnologia assistiva pela educação? Elabore um texto apresentando suas conclusões.

Capítulo 4
Concessão e aquisição de tecnologia assistiva

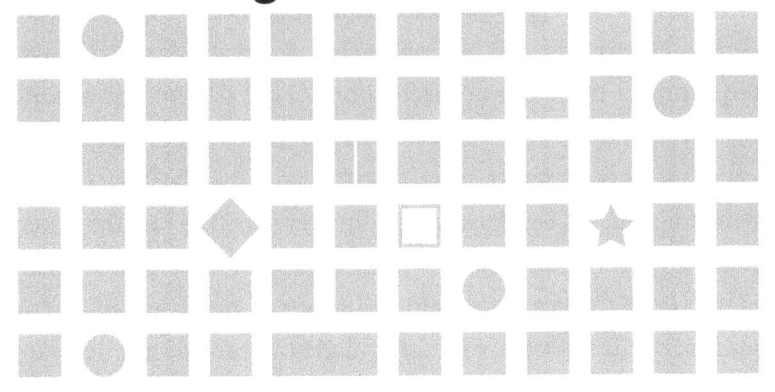

Neste capítulo, versaremos sobre a concessão e a aquisição de tecnologia assistiva tendo em vista as políticas no Brasil e as determinações legais de produtos de tecnologia assistiva enquadrados ou não na categoria tecnologias da informação e comunicação (TIC). Para facilitar o entendimento dos conteúdos deste capítulo, apresentaremos os benefícios atrelados à política de assistência social em relação à política de saúde.

Analisaremos, também, a aplicabilidade do Estatuto da Pessoa com Deficiência e, para finalizar, esquematizaremos os programas e as ações de apoio ao desenvolvimento inclusivo dos sistemas de ensino.

4.1 Políticas públicas de tecnologia assistiva no Brasil

Como já mencionamos, o emprego do termo *tecnologia assistiva* não está padronizado na legislação nacional. Ainda assim, tal conceito foi aprovado em agosto de 2007 pelo Comitê de Ajudas Técnicas (CAT), órgão que integra a Secretaria Especial dos Direitos Humanos (SEDH) e que se consagrou como o mais adequado no meio acadêmico (por MEC e CNPq, por exemplo), entre organizações e setores específicos e, consequentemente, nas leis do país (Brasil, 2007d). Nas últimas leis, faz-se até mesmo o uso da expressão *ajudas técnicas*, que em algumas situações dá conta do conceito quando se refere a artefatos, mas que não se justifica quando alude a serviços, práticas e metodologias utilizadas. Assim, é recomendado buscar a denominação correta a fim de evitar conceitos obsoletos que refletem ideias equivocadas e, consequentemente, informações inadequadas.

É importante ressaltar que tais denominações são modificadas e adaptadas às concepções vigentes em diferentes períodos históricos. Os termos são adotados como corretos de acordo com os conceitos e os valores de cada época, em cada sociedade. Dessa forma, quando o pensamento social se modifica, é natural que as acepções de alguns termos também se altere ou que novos termos passem a ser utilizados. Um bom exemplo disso está posto em nossa Constituição Federal (CF). A CF de 1967 aplicava o termo *excepcional* para se referir às pessoas com necessidades especiais. Já a Emenda Constitucional n. 12 trocou essa palavra por *deficiente*. Entretanto, o fato é que, à época, a lei ainda refletia o desinteresse pela temática da inclusão (Brasil, 1967).

Já a Constituição atual (Brasil, 1988) considerou errôneo o termo *deficiente*, visto que sugere falta ou defeito, o que não reflete a realidade do grupo a que recai tal designação. Em seu lugar, usou-se *pessoa portadora de deficiência*. Mais uma vez, a mudança não era condizente, uma vez que não se "porta", isto é, não se carrega uma deficiência.

O termo *pessoa com deficiência* foi empregado no texto da Convenção sobre os Direitos das Pessoas com Deficiência (Brasil, 2008c), promulgada pelo Decreto n. 6.949, de 25 de agosto de 2009 (Brasil, 2009a). Assim, a expressão *pessoa com deficiência* foi considerada a mais adequada, pois não disfarça a limitação existente, mas, ao mesmo tempo, não remete às ideias de carregar ou portar. Dessa forma, quando a legislação estiver desatualizada, dever-se-á proceder às mudanças necessárias.

Logo no primeiro artigo, o texto da convenção esclarece seu propósito: "promover, proteger e assegurar o exercício pleno e equitativo de todos os direitos humanos e liberdades fundamentais por todas as pessoas com deficiência e promover o respeito pela sua dignidade inerente" (Brasil, 2009a). O texto legal segue tratando de temas como obrigações; igualdade e não discriminação; mulheres com deficiência; crianças com deficiência; acessibilidade; mobilidade pessoal; situações de risco e emergências humanitárias; reconhecimento igual perante a lei; liberdade e segurança da pessoa; prevenção contra tortura ou tratamentos ou penas cruéis, desumanos ou degradantes; proteção da integridade da pessoa; entre outros (Brasil, 2009a).

Ainda no primeiro artigo, apresenta-se a seguinte definição: "Pessoas com deficiência são aquelas que têm impedimentos de longo prazo de natureza física, mental, intelectual ou sensorial, os quais, em interação com diversas barreiras, podem obstruir sua participação plena e efetiva na sociedade em igualdades de condições com as demais pessoas" (Brasil, 2009a)

Sassaki (2019) confirma o uso do termo *pessoa com deficiência* e, ainda, apresenta os seguintes princípios:

1. Não esconder ou camuflar a deficiência;
2. Não aceitar o consolo da falsa ideia de que todo mundo tem deficiência;
3. Mostrar com dignidade a realidade da deficiência;
4. Valorizar as diferenças e necessidades decorrentes da deficiência;

5. Combater neologismos que tentam diluir as diferenças, tais como 'pessoas com capacidades especiais', 'pessoas com eficiências diferentes', 'pessoas com habilidades diferenciadas', 'pessoas deficientes', 'pessoas especiais', 'é desnecessário discutir a questão das deficiências porque todos nós somos imperfeitos', 'não se preocupem, agiremos como avestruzes com a cabeça dentro da areia' (i.é, 'aceitaremos vocês sem olhar para as suas deficiências');

6. Defender a igualdade entre as pessoas com deficiência e as demais pessoas em termos de direitos e dignidade, o que exige a equiparação de oportunidades para pessoas com deficiência atendendo às diferenças individuais e necessidades especiais, que não devem ser ignoradas;

7. Identificar nas diferenças todos os direitos que lhes são pertinentes e a partir daí encontrar medidas específicas para o Estado e a sociedade diminuírem ou eliminarem as "restrições de participação" (dificuldades ou incapacidades causadas pelos ambientes humano e físico contra as pessoas com deficiência).

O Decreto n. 3.298, de 20 de dezembro de 1999 (Brasil, 1999a) estabelece:

Art. 19. Consideram-se ajudas técnicas, para os efeitos deste Decreto, os elementos que permitem compensar uma ou mais limitações funcionais motoras, sensoriais ou mentais da pessoa portadora de deficiência, com o objetivo de permitir-lhe superar as barreiras da comunicação e da mobilidade e de possibilitar sua plena inclusão social.

Parágrafo único. São ajudas técnicas:

I – próteses auditivas, visuais e físicas;

II – órteses que favoreçam a adequação funcional;

III – equipamentos e elementos necessários à terapia e reabilitação da pessoa portadora de deficiência;

IV – equipamentos, maquinarias e utensílios de trabalho especialmente desenhados ou adaptados para uso por pessoa portadora de deficiência;

V – elementos de mobilidade, cuidado e higiene pessoal necessários para facilitar a autonomia e a segurança da pessoa portadora de deficiência;

VI – elementos especiais para facilitar a comunicação, a informação e a sinalização para pessoa portadora de deficiência;

VII – equipamentos e material pedagógico especial para educação, capacitação e recreação da pessoa portadora de deficiência;

VIII – adaptações ambientais e outras que garantam o acesso, a melhoria funcional e a autonomia pessoal; e

IX – bolsas coletoras para os portadores de ostomia. (Brasil, 1999a)

Por sua vez, o Decreto n. 5.296, de 2 de dezembro de 2004,

Regulamenta as Leis n. 10.048, de 8 de novembro de 2000, que dá prioridade de atendimento às pessoas que especifica, e 10.098, de 19 de dezembro de 2000, que estabelece normas gerais e critérios básicos para a promoção da acessibilidade das pessoas portadoras de deficiência ou com mobilidade reduzida [...]. (Brasil, 2004a)

O Capítulo VII desse decreto trata das ajudas técnicas e em seu art. 61 especifica: "consideram-se ajudas técnicas os produtos, instrumentos, equipamentos ou tecnologia adaptados ou especialmente projetados para melhorar a funcionalidade da pessoa portadora de deficiência ou com mobilidade reduzida, favorecendo a autonomia pessoal, total ou assistida" (Brasil, 2004a).

Em setembro de 2007, foi apresentada a Agenda Social: Direitos de Cidadania – Pessoas com Deficiência, com o objetivo de "fomentar a plena inclusão da pessoa com deficiência no processo de desenvolvimento do país, buscando eliminar todas as formas de discriminação e garantir o acesso aos bens e serviços da comunidade, promovendo e defendendo seus direitos de cidadania" (Faders, 2019).

Em 2011, o Decreto 7.612, de 17 de dezembro (Brasil, 2011b), também conhecido como Plano Nacional dos Direitos da Pessoa com Deficiência – Viver sem Limite, foi apresentado com o objetivo de programar novas iniciativas e intensificar ações desenvolvidas pelo governo voltadas às pessoas com deficiência. O Plano Viver sem Limite (Figura 4.1) tem uma proposta direcionada à combinação das políticas governamentais de acesso com a educação inclusiva e à acessibilidade à saúde.

Figura 4.1 – Plano Viver sem Limite

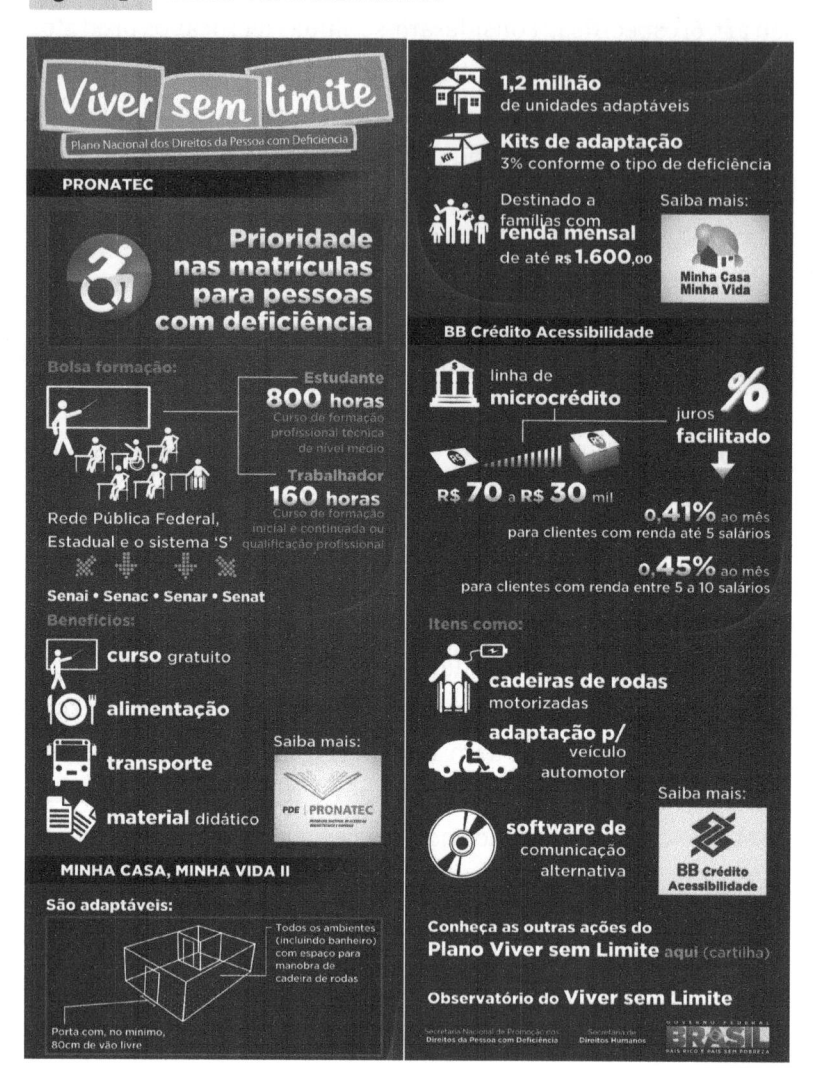

Viver sem limite
Plano Nacional dos Direitos da Pessoa com Deficiência

PRONATEC

Prioridade nas matrículas para pessoas com deficiência

Bolsa formação:

Estudante
800 horas
Curso de formação profissional técnica de nível médio

Trabalhador
160 horas
Curso de formação inicial e continuada ou qualificação profissional

Rede Pública Federal, Estadual e o sistema 'S'

Senai • Senac • Senar • Senat

Benefícios:

- **curso** gratuito
- **alimentação**
- **transporte**   Saiba mais:
- **material** didático   PDE PRONATEC

MINHA CASA, MINHA VIDA II

São adaptáveis:
Todos os ambientes (incluindo banheiro) com espaço para manobra de cadeira de rodas
Porta com, no mínimo, 80cm de vão livre

1,2 milhão de unidades adaptáveis

Kits de adaptação
3% conforme o tipo de deficiência

Destinado a famílias com **renda mensal** de até R$ 1.600,00   Saiba mais: **Minha Casa Minha Vida**

BB Crédito Acessibilidade

linha de **microcrédito**
R$ 70 a R$ 30 mil

juros **facilitado**

0,41% ao mês para clientes com renda até 5 salários

0,45% ao mês para clientes com renda entre 5 a 10 salários

Itens como:

- **cadeiras de rodas** motorizadas
- **adaptação p/** veículo automotor
- **software de** comunicação alternativa

Saiba mais: **BB Crédito Acessibilidade**

Conheça as outras ações do **Plano Viver sem Limite** aqui (cartilha)

Observatório do **Viver sem Limite**

Secretaria Nacional de Promoção dos Direitos da Pessoa com Deficiência | Secretaria de Direitos Humanos

BRASIL GOVERNO FEDERAL PAÍS RICO É PAÍS SEM POBREZA

Fonte: Brasil, 2019m.

O Plano Viver sem Limite é um dos programas voltados à efetivação da política de inclusão escolar, o qual apoia a promoção de recursos, serviços e ofertas do atendimento educacional especializado aos estudantes público-alvo da educação especial matriculados na rede pública de ensino regular. O projeto oferece benefícios em diversos setores e, mesmo havendo uma grande distância entre a legislação e sua aplicabilidade real, deve ser conhecido e utilizado.

> Uma das ações do Plano Viver sem Limite para possibilitar a aquisição de equipamentos e outras formas de tecnologia assistiva foi a criação de uma linha de crédito facilitado, com juros subsidiados pelo governo federal para a aquisição desses produtos – o BB Crédito de Acessibilidade. Assim, na cartilha do projeto ficou especificado que "podem ser financiados produtos de tecnologia assistiva com valores entre R$ 70,00 a 30 mil, por prazos de 4 a 60 meses, a juros de 0,64% ao mês, sem tarifa de abertura de crédito, com até 59 dias para o pagamento da primeira parcela" (Brasil, 2019n).

Conforme temos exposto, a legislação brasileira tem se posicionado de diferentes formas ao longo dos anos diante do conceito de pessoa com deficiência. Isso mostra um avanço quanto aos direitos sociais e de proteção dessas pessoas, reflexo de uma visão que rompe com o modelo assistencialista e parte para a verdadeira inclusão.

Para evitar que recursos e equipamentos de tecnologia assistiva fossem concedidos de forma irregular e com conotação assistencialista e filantrópica, houve, na década de 1970, a concessão de ajudas técnicas relacionadas ao processo de reabilitação. Assim, o Sistema Único de Saúde (SUS) criou, em 1992, o primeiro quadro de concessão de ajudas técnicas, padronizando o procedimento, que passou a ser coligado à Saúde. Em 2002, foi instituída a Política Nacional de Saúde da Pessoa com Deficiência quetem foco na reabilitação. Na edição de 2010, o documento define:

> A presente política do Ministério da Saúde, voltada para a inclusão das pessoas com deficiência em toda a rede de serviços do Sistema Único de Saúde (SUS), caracteriza-se por reconhecer a necessidade de programar o processo de respostas às complexas questões que envolvem a atenção à saúde das pessoas com deficiência no Brasil.
> [...]
> Suas principais diretrizes, a serem implementadas solidariamente nas três esferas de gestão e incluindo as parcerias interinstitucionais necessárias, são: a promoção da qualidade de vida, a prevenção de deficiências; a atenção integral à saúde, a melhoria dos mecanismos de informação; a capacidade de recursos humanos, e a organização e funcionamento dos serviços. (Brasil, 2010d, p. 7)

A seguir, listamos algumas normas técnicas referentes ao atendimento dos serviços de saúde do SUS que compõem as Redes de Atenção à Pessoa com Deficiência:
- Portaria MS/GM n. 818, de 5 de junho de 2001: cria "mecanismos para a organização e implantação das Redes Estaduais de Assistência à Pessoa com Deficiência Física" (Brasil, 2001h).

- Portaria MS/SAS n. 185, de 5 de junho de 2001: inclui procedimentos de reabilitação e altera procedimentos de órteses, próteses e meios auxiliares de locomoção ambulatoriais da Tabela SIA/SUS para adequá-los à criação das Redes Estaduais de Assistência à Pessoa com Deficiência Física (Brasil, 2001i).
- Portaria MS/GM n. 2.073, de 28 de setembro de 2004: "Institui a Política Nacional de Atenção à Saúde Auditiva" (Brasil, 2004d).
- Portaria MS/SAS n. 587, de 7 de outubro de 2004: determina que as Secretarias de Estado da Saúde dos estados e Distrito Federal adotem as providências necessárias à organização e implantação das Redes Estaduais de Atenção à Saúde Auditiva (Brasil, 2004e).
- Portaria MS/SAS n. 589, de 8 de outubro de 2004: define os mecanismos para a operacionalização dos Serviços de Atenção à Saúde Auditiva no Sistema de Informações Ambulatoriais do Sistema Único de Saúde (SIA/SUS) (Brasil, 2004f).
- Portaria MS/GM n. 1.278, de 20 de outubro de 1999: estabelece critérios de indicação e contraindicação de implante coclear no SUS (Brasil, 1999c).
- Portaria MS/GM n. 1.635, de 12 de setembro de 2002: inclui no Sistema de Informações ambulatoriais do SUS os procedimentos específicos para o atendimento de pacientes com deficiência mental e autismo (Brasil, 2002e).

- Portaria GM/MS n. 1.370, de 3 de junho de 2008: "Institui o Programa de Assistência Ventilatória Não Invasiva aos Portadores de Doenças Neuromusculares" (Brasil, 2008d).
- Portaria SAS/MS n. 370, de 4 de julho de 2008: estabelece mecanismos para a organização do Programa de Assistência Ventilatória Não Invasiva aos Portadores de Doenças Neuromusculares (Brasil, 2008f).
- Portaria MS/GM n. 3.128, de 24 de dezembro de 2008: regulamenta as Redes Estaduais de Atenção à Pessoa com Deficiência Visual (Brasil, 2008e).

4.2 Produtos de tecnologia assistiva relacionados e não relacionados às TIC

São vários os produtos de tecnologia assistiva disponibilizados no mercado ou adaptados. Eles podem ser classificados segundo diferentes critérios. A seguir listamos algumas categorias.

Produtos com baixa tecnologia

Esses produtos podem ser confeccionados com materiais simples e baratos e não usam componentes eletrônicos. Geralmente, são de produção menos dispendiosa e, algumas vezes, são confeccionados por amigos e/ou familiares que buscam auxiliar a pessoa com deficiência. Exemplos: bengalas, engrossador de lápis, pulseiras de pesos, auxílio para usar botões entre outros.

Produtos com média tecnologia
Usam componentes eletrônicos simples, sem processamento de informação. Exemplos: celulares, gravadores e *mouse*.

Produtos com alta tecnologia
Utilizam controle dos computadores ou eletrônicos, são sofisticados, caros e processam informação. Exemplos: sintetizadores de voz, teclado adaptado e cadeiras de rodas elétricas.

Lauand (2005) assinala que, apesar dos muitos recursos de tecnologia assistiva disponíveis no mercado nacional, faltam informações sistematizadas sobre como obtê-los, bem como a respeito de suas finalidades e uso. Essa situação dificulta o acesso de educadores, profissionais da área da reabilitação e familiares a esse tipo de informação. A autora ainda considera os *mouses*, teclados e telas sensíveis ao toque como equipamentos de seleção direta, pois permitem diretamente selecionar determinada função no computador. Já os acionadores são classificados por ela como de seleção indireta, ou seja, funcionam com um *software* para possibilitar a seleção de determinada função. Alguns dos equipamentos de seleção direta estão apresentados a seguir.

- **Teclados** – Há diferentes teclados adaptados e personalizados que priorizam: ergonometria, tamanho de letra, troca de lâminas com destaque de cores, teclas personalizadas, materiais emborrachados etc.
- **Mouses** – Podemos encontrar diferentes *mouses* adaptados às necessidades dos alunos, tais como os com três teclas grandes para substituir o clique, dois roletes para

direcionar os cursos, além de recursos que substituem o uso do botão direito do *mouse*.

- **Telas sensíveis ao toque** – Telas em vidro ou cristal, mesas digitalizadoras, projetores que transformam uma lousa branca em uma tela reconhecida pelo computador e monitores com telas sensíveis ao toque são exemplos desse tipo de recurso.

Alguns equipamentos de seleção indireta são:

- **Acionadores** – Os acionadores podem ser por pressão, por alavanca ou por sombra, em haste ou com cordão, magnético de dedo, de sucção e/ou sopro.
- *Softwares* **especiais** – Exemplos desse tipo de recurso são os leitores de tela (utilizados principalmente por deficientes visuais). Além disso, existem programas de simulação de teclado virtual, predição de palavras, ou para confecção de pranchas de comunicação voltados à comunicação alternativa e com funções via oral.

Como já comentamos ao longo do capítulo, em novembro de 2006 foi instiuído o Comitê de Ajudas Técnicas (CAT), a fim de aperfeiçoar, dar transparência e legitimidade ao desenvolvimento da tecnologia assistiva no Brasil.

Assim, várias comissões temáticas foram formadas, sendo que a quarta delas se volta para a avaliação de concessão e aquisação dos seguintes itens:

Órteses e Próteses para Pessoas com Deficiência (PCD);
Auxiliares da mobilidade e locomoção: cadeiras de rodas mecânicas ou motorizadas, *stair-trac*, elevadores para

cadeiras de rodas, *stairlift*, *evacuation chair*, mini elevadores, elevadores eletros-hidráulicos em veículos, *scooters*, *stand in table*, veículos motorizados adaptados, parapodiuns, andadores, bengalas, muletas axilares;
Produtos para pessoas com deficiência visual e auditiva;
Produtos relacionados ao ensino e comunicação;
Disponibilidade e acessibilidade aos serviços, onde se encontram no país. (Am8orim et al., 2009b, p. 71, grifos do original)

Isso se deu para evitar que recursos e equipamentos de tecnologia assistiva (órteses e próteses) fossem concedidos de forma irregular. Por isso, o atendimento a pessoas com deficiência deve ser realizado por uma equipe multidisciplinar por meio de terapias especializadas para o uso e a adaptação de tais itens.

Bersch (2013) aponta como evitar erros na indicação de um recurso de tecnologia assistiva. De acordo com a autora, há grande possibilidade de abandono ou substituição da TA quando não se avalia corretamente. Sobre isso, Bersch elenca algumas indicações importantes:

- Selecionar uma tecnologia assistiva considerando-se somente o tipo de deficiência.
- Selecionar a TA sem ter a definição clara do problema enfrentado pelo usuário e de qual é a sua escala de prioridade.
- Não envolver o usuário na **definição do problema** e em todas as etapas do processo que levará à **seleção da TA**.
- Definir a TA sem apontar para o usuário as repercussões que a introdução desse recurso provocará na sua vida.

Todos os envolvidos devem estar cientes dos benefícios possíveis, mas também das novas exigências e necessidade de envolvimento ativo do usuário, de seus familiares, de seus professores e das demais pessoas com quem convive. A TA aponta para soluções de problemas, mas, ao mesmo tempo, exige empenho, mudança de rotina etc.

- Iniciar o processo tendo como ponto de partida uma lista de recursos concedidos pelo poder público e, a partir dela, buscar uma necessidade do usuário que se encaixe em um desses benefícios. Não considerar a necessidade real do usuário como ponto de partida e então proceder à busca da alternativa em TA mais adequada, independente de listas de concessões.
- Não avaliar adequadamente as habilidades e dificuldades do usuário. Indicar recursos superestimando ou subestimando habilidades e dificuldades.
- Não considerar as características do ambiente onde esta tecnologia será utilizada.
- Não compreender bem os objetivos da tarefa para a qual se pretende qualificar o desempenho do aluno.
- Falta ou pouco conhecimento dos profissionais sobre o potencial, a aplicação e a utilização específica de alguns recursos TA disponibilizada no serviço em que atuam. (Bersch, 2013, grifos do original)

É necessário lembrar que o objetivo da avaliação da tecnologia assistiva é buscar a melhor forma de ajudar o aluno, o professor e todos que convivem nas escolas.

4.3 Benefícios no âmbito da política de assistência social com relação à política de saúde

Para tratarmos das políticas de assistência social relativas à saúde, é importante esclarecermos que ambas as áreas necessitam considerar a realidade em que o indivíduo está inserido. Nesse entendimento estão as bases para a escolha da abordagem, dos instrumentos e dos recursos apropriados de uso.

Na área da saúde, a assistência social se sustenta sobre fundamentos teórico-metodológicos, éticos e políticos determinados historicamente e construídos legalmente, os quais devem ser seguidos e mantidos. Princípios como totalidade social, concepção de saúde, integralidade e interdisciplinaridade percorrem os pensares e fazeres numa perspectiva inclusiva.

Consideremos o que estabelece a Constituição Federal de 1988, segundo a qual "a saúde é direito de todos e dever do Estado" (Brasil, 1988). Para tal, as políticas sociais e econômicas devem garanti-la, reduzindo riscos de doenças e de outros agravos e garantindo o acesso universal e igualitário às ações e servidões para a sua promoção, proteção e recuperação (Brasil, 1988).

Além desse texto legal, a Lei n. 8.080, de 19 de setembro de 1990, em seu art. 3º, aponta como fatores determinantes e condicionantes da saúde, entre outros, "a alimentação, a moradia, o saneamento básico, o meio ambiente, o trabalho, a renda, a educação, a atividade física, o transporte, o lazer e o acesso aos bens e serviços essenciais" (Brasil, 1990b). Porém, ainda assim, é clara a distância entre o apregoado legalmente e o visto na realidade.

Dessa forma, podemos considerar a primeira e necessária relação entre as condições sociais e o processo da saúde na população: a assistência social atua na saúde nas quatro questões fundamentais:

1. atendimento direto aos usuários;
2. mobilização, participação e controle social;
3. investigação, planejamento e gestão;
4. assessoria, qualificação e formação profissional.

Vale ressaltamos também que a cidadania, conforme a legislação nacional, está atrelada à confiança nas relações entre os serviços públicos e a sociedade. Porém, sabemos que tal relação está fragilizada. A população de modo geral não acredita na comunidade política como uma unidade e poucos se sentem pertencentes a esse grupo.

Assim, faz-se necessário consolidar uma cultura cívica. Isso equivale a dizer que é premente para a sociedade uma consciência política sólida e participativa. Daí a necessidade de integração e sociabilidade na busca pela superação de um sistema voltado à competitividade desenfreada sem consideração aos indivíduos como seres humanos pertencentes ao todo.

A proteção social somente se efetiva quando os indivíduos que compõem a sociedade são politicamente engajados em sua estruturação. Em acréscimo, ao analisarmos a política social, precisamos ter em mente a concessão, a manutenção e a continuidade dos benefícios adquiridos. Para tanto, um conjunto de ordenamentos deve ser mantido de forma estabilizada, a fim de que as necessidades sejam atendidas de acordo com os interesses individuais e com a capacidade de cada um de adquirir os bens e serviços conforme suas especificidades.

No entanto, quando alguém recebe um benefício, mesmo em caráter permanente, isso não necessariamente o torna usufrutuário de tal direito. Isso porque a concessão de um benefício depende da condição de carência e do poder de decisão de quem faz a análise dessa concessão. A esse respeito, de acordo com Fleury e Ouverney (2014, p. 17):

> A construção da política de saúde como política social envolve diversos aspectos políticos, sociais, econômicos, institucionais, estratégicos, ideológicos, teóricos, técnicos, culturais, dentre outros, tornando-se muito difícil isolar a participação de cada um deles em um momento definido. Como atividade de proteção social, a política de saúde se coloca na fronteira de diversas formas de relação social, como a relação entre gestores e atores políticos de unidades governamentais e empresas, entre indivíduos e grupos sociais (famílias, grupos ocupacionais, religiosos, entre outros), entre cidadãos e os poderes públicos, entre consumidores e provedores de bens e serviços etc.

Isso significa que a ação da política de saúde é diferente em cada situação e segue em direção das instituições e dos significados culturais. Assim sendo, além de estar interligada com o Estado, a política de saúde está conectada com o mercado e com a sociedade. Por exemplo, o Estado oferece legislações que respaldam as ajudas técnicas, as quais têm um espaço próprio para serem utilizadas, ao passo que o mercado produz recursos e os oferece. Contudo, não há manutenção dos recursos, e estes acabam se tornando obsoletos. É necessário ter incorporação entre as escolas, o Estado e o mercado, para que, assim, tal dinâmica se realize plenamente.

4.4 A aplicabilidade do Estatuto da Pessoa com Deficiência – Lei Brasileira de Inclusão da Pessoa com Deficiência

Historicamente, as pessoas com deficiência foram segregadas. Elas começaram a ser reconhecidas como pessoas de direito graças à Declaração Universal dos Direitos Humanos, que apontou alguns princípios fundantes, tais como o da igualdade. Seguindo os mesmos passos, a Convenção Internacional sobre os Direitos das Pessoas com Deficiência, de 2007, assinalou a defesa e garantia da dignidade para todos. A ONU procurou assegurar condições de vida com dignidade para todas as pessoas, principalmente as com deficiência (física, motora, intelectual ou sensorial) e previu o monitoramento recorrente da consolidação de tais direitos.

Em nosso país, a Constituição Federal de 1988 garantiu, pela primeira vez na legislação, os direitos às pessoas com deficiência, seguindo as metas da Convenção Internacional sobre os Direitos das Pessoas com Deficiência. Por consagrar a convenção, o Brasil se comprometeu diante de seu povo e das demais nações a eliminar as barreiras e promover a participação plena e efetiva dos cidadãos com deficiência na sociedade em igualdade de condições com as demais pessoas.

Em 2015, foi sancionado o Estatuto da Pessoa com Deficiência, pela Lei n. 13.146, o qual foi construído coletivamente e com base no tratado da ONU. Seus principais objetivos são assegurar e promover o exercício dos direitos e das liberdades fundamentais das pessoas com deficiência, sempre visando às condições de igualdade, inclusão social e cidadania (Brasil, 2015). Em seu art. 1º, parágrafo único, o texto legal estabelece:

> Parágrafo único. Esta Lei tem como base a Convenção sobre os Direitos das Pessoas com Deficiência e seu Protocolo Facultativo, ratificados pelo Congresso Nacional por meio do Decreto Legislativo n. 186, de 9 de julho de 2008, em conformidade com o procedimento previsto no § 3º do art. 5º da Constituição da República Federativa do Brasil, em vigor para o Brasil, no plano jurídico externo, desde 31 de agosto de 2008, e promulgados pelo Decreto, data de início de sua vigência no plano interno. (Brasil, 2015)

A organização do Estatuto da Pessoa com Deficiência deixa claros os direitos e deveres dessa população e atribui, para cada segmento da sociedade, responsabilidade por sua efetivação. Para sua eficácia, é necessário que todos os brasileiros o conheçam, bem como o respeitem e busquem efetivar seus preceitos, sem nenhum tipo de distinção.

O art. 4º traz o preceito do direito à igualdade de oportunidades e o impedimento de discriminação, com vistas à equiparação de oportunidades: "Toda pessoa com deficiência tem direito à igualdade de oportunidades com as demais pessoas e não sofrerá nenhuma espécie de discriminação" (Brasil, 2015). Tais princípios perpassam a lei como essenciais.

O princípio básico da lei é de que a pessoa com deficiência tem plena capacidade civil e garantias fundamentais para a prática de atos jurídicos existenciais, conforme consta no art. 6º:

Art. 6º A deficiência não afeta a plena capacidade civil da pessoa, inclusive para:

I – casar-se e constituir união estável;

II – exercer direitos sexuais e reprodutivos;

III – exercer o direito de decidir sobre o número de filhos e de ter acesso a informações adequadas sobre reprodução e planejamento familiar;

IV – conservar sua fertilidade, sendo vedada a esterilização compulsória;

V – exercer o direito à família e à convivência familiar e comunitária; e

VI – exercer o direito à guarda, à tutela, à curatela e à adoção, como adotante ou adotando, em igualdade de oportunidades com as demais pessoas. (Brasil, 2015)

Por sua vez, a prioridade da devolução do imposto de renda às pessoas com deficiência está expressa no art. 9º, como segue:

A pessoa com deficiência tem direito a receber atendimento prioritário, sobretudo com a finalidade de:

I – proteção e socorro em quaisquer circunstâncias;

II – atendimento em todas as instituições e serviços de atendimento ao público;

III – disponibilização de recursos, tanto humanos quanto tecnológicos, que garantam atendimento em igualdade de condições com as demais pessoas;

IV – disponibilização de pontos de parada, estações e terminais acessíveis de transporte coletivo de passageiros e garantia de segurança no embarque e no desembarque;
V – acesso a informações e disponibilização de recursos de comunicação acessíveis;
VI – recebimento de restituição de imposto de renda;
VII – tramitação processual e procedimentos judiciais e administrativos em que for parte ou interessada, em todos os atos e diligências.

§ 1º Os direitos previstos neste artigo são extensivos ao acompanhante da pessoa com deficiência ou ao seu atendente pessoal, exceto quanto ao disposto nos incisos VI e VII deste artigo.

§ 2º Nos serviços de emergência públicos e privados, a prioridade conferida por esta Lei é condicionada aos protocolos de atendimento médico. (Brasil, 2015)

Sobre a inclusão escolar, o art. 28 trata da função do Poder Público em "assegurar, criar, desenvolver, implementar, incentivar, acompanhar e avaliar" (Brasil, 2015), reforçando o art. 205 da Constituição Federal, segundo o qual a educação é um direito de todos (Brasil, 1988). No Quadro 4.1, apresentamos de forma didatizada os tópicos que constam no art. 28 do Estatuto da Pessoa com Deficiência.

Quadro 4.1 – Estatuto da Pessoa com Deficiência

Art. 28. Incumbe ao poder público assegurar, criar, desenvolver, implementar, incentivar, acompanhar e avaliar:	
Todos os níveis	I – sistema educacional inclusivo em todos os níveis e modalidades, bem como o aprendizado ao longo de toda a vida;
Eliminação de barreiras	II – aprimoramento dos sistemas educacionais, visando a garantir condições de acesso, permanência, participação e aprendizagem, por meio da oferta de serviços e de recursos de acessibilidade que eliminem as barreiras e promovam a inclusão plena;
Projeto pedagógico	III – projeto pedagógico que institucionalize o atendimento educacional especializado, assim como os demais serviços e adaptações razoáveis, para atender às características dos estudantes com deficiência e garantir o seu pleno acesso ao currículo em condições de igualdade, promovendo a conquista e o exercício de sua autonomia;
Libras	IV – oferta de educação bilíngue, em Libras como primeira língua e na modalidade escrita da língua portuguesa como segunda língua, em escolas e classes bilíngues e em escolas inclusivas;
Acesso, permanência e participação	V – adoção de medidas individualizadas e coletivas em ambientes que maximizem o desenvolvimento acadêmico e social dos estudantes com deficiência, favorecendo o acesso, a permanência, a participação e a aprendizagem em instituições de ensino;
Tecnologia assistiva: pesquisas	VI – pesquisas voltadas para o desenvolvimento de novos métodos e técnicas pedagógicas, de materiais didáticos, de equipamentos e de recursos de Tecnologia Assistiva ;

(continua)

(Quadro 4.1 – continuação)

Art. 28. Incumbe ao poder público assegurar, criar, desenvolver, implementar, incentivar, acompanhar e avaliar:	
Tecnologia assistiva: disponibilização e uso	VII – planejamento de estudo de caso, de elaboração de plano de atendimento educacional especializado, de organização de recursos e serviços de acessibilidade e de disponibilização e usabilidade pedagógica de recursos de Tecnologia Assistiva ;
Comunidade escolar	VIII – participação dos estudantes com deficiência e de suas famílias nas diversas instâncias de atuação da comunidade escolar;
Desenvolvimento do aluno	IX – adoção de medidas de apoio que favoreçam o desenvolvimento dos aspectos linguísticos, culturais, vocacionais e profissionais, levando-se em conta o talento, a criatividade, as habilidades e os interesses do estudante com deficiência;
Práticas pedagógicas	X – adoção de práticas pedagógicas inclusivas pelos programas de formação inicial e continuada de professores e oferta de formação continuada para o atendimento educacional especializado;
Interpretes de Libras	XI – formação e disponibilização de professores para o atendimento educacional especializado, de tradutores e intérpretes da Libras, de guias intérpretes e de profissionais de apoio;
Ensino de Libras e braille	XII – oferta de ensino da Libras, do Sistema Braille e de uso de recursos de Tecnologia Assistiva , de forma a ampliar habilidades funcionais dos estudantes, promovendo sua autonomia e participação;
Educação superior e profissional	XIII – participação dos estudantes com deficiência e de suas famílias nas diversas instâncias de atuação da comunidade escolar;
Conteúdos temáticos sobre deficiência	XIV – inclusão em conteúdos curriculares, em cursos de nível superior e de educação profissional técnica e tecnológica, de temas relacionados à pessoa com deficiência nos respectivos campos de conhecimento;

(Quadro 4.1 – conclusão)

Art. 28. Incumbe ao poder público assegurar, criar, desenvolver, implementar, incentivar, acompanhar e avaliar:	
Lazer	XV – acesso da pessoa com deficiência, em igualdade de condições, a jogos e a atividades recreativas, esportivas e de lazer, no sistema escolar;
Acessibilidade	XVI – acessibilidade para todos os estudantes, trabalhadores da educação e demais integrantes da comunidade escolar às edificações, aos ambientes e às atividades concernentes a todas as modalidades, etapas e níveis de ensino;
Apoio escolar	XVII – oferta de profissionais de apoio escolar;
Políticas públicas	XVIII – articulação intersetorial na implementação de políticas públicas.

Fonte: Elaborado com base em Brasil, 2015.

O art. 28 do estatuto adota o direito da educação em todos os níveis e modalidades de ensino para os alunos com deficiência, como fica claro nos parágrafos 1º e 2º do referido artigo:

> § 1º Às instituições privadas, de qualquer nível e modalidade de ensino, aplica-se obrigatoriamente o disposto nos incisos I, II, III, V, VII, VIII, IX, X, XI, XII, XIII, XIV, XV, XVI, XVII e XVIII do **caput** deste artigo, sendo vedada a cobrança de valores adicionais de qualquer natureza em suas mensalidades, anuidades e matrículas no cumprimento dessas determinações.
> § 2º Na disponibilização de tradutores e intérpretes da Libras a que se refere o inciso XI do **caput** deste artigo, deve-se observar o seguinte:
> I – os tradutores e intérpretes da Libras atuantes na educação básica devem, no mínimo, possuir ensino médio completo e certificado de proficiência na Libras;

II – os tradutores e intérpretes da Libras, quando direcionados à tarefa de interpretar nas salas de aula dos cursos de graduação e pós-graduação, devem possuir nível superior, com habilitação, prioritariamente, em Tradução e Interpretação em Libras. (Brasil, 2015, grifos do original)

A acessibilidade é contemplada nos arts. 53 e 54 e, de acordo com o texto legal, deve envolver não apenas as estruturas físicas, mas também todas as esferas de interação social:

> Art. 53. A acessibilidade é direito que garante à pessoa com deficiência ou com mobilidade reduzida viver de forma independente e exercer seus direitos de cidadania e de participação social.
> Art. 54. São sujeitas ao cumprimento das disposições desta Lei e de outras normas relativas à acessibilidade, sempre que houver interação com a matéria nela regulada:
> I – a aprovação de projeto arquitetônico e urbanístico ou de comunicação e informação, a fabricação de veículos de transporte coletivo, a prestação do respectivo serviço e a execução de qualquer tipo de obra, quando tenham destinação pública ou coletiva;
> II – a outorga ou a renovação de concessão, permissão, autorização ou habilitação de qualquer natureza;
> III – a aprovação de financiamento de projeto com utilização de recursos públicos, por meio de renúncia ou de incentivo fiscal, contrato, convênio ou instrumento congênere; e
> IV – a concessão de aval da União para obtenção de empréstimo e de financiamento internacionais por entes públicos ou privados. (Brasil, 2015)

A pessoa com deficiência tem o direito ao exercício de sua capacidade legal em igualdade de condições com as demais pessoas, sendo que, em certos casos, pode ser restringida apenas a aptidão para exercer atos de natureza patrimonial e negocial, conforme consta nos arts. 85 a 87:

> Art. 85. A curatela afetará tão somente os atos relacionados aos direitos de natureza patrimonial e negocial.
>
> § 1º A definição da curatela não alcança o direito ao próprio corpo, à sexualidade, ao matrimônio, à privacidade, à educação, à saúde, ao trabalho e ao voto.
>
> § 2º A curatela constitui medida extraordinária, devendo constar da sentença as razões e motivações de sua definição, preservados os interesses do curatelado.
>
> § 3º No caso de pessoa em situação de institucionalização, ao nomear curador, o juiz deve dar preferência a pessoa que tenha vínculo de natureza familiar, afetiva ou comunitária com o curatelado.
>
> Art. 86. Para emissão de documentos oficiais, não será exigida a situação de curatela da pessoa com deficiência.
>
> Art. 87. Em casos de relevância e urgência e a fim de proteger os interesses da pessoa com deficiência em situação de curatela, será lícito ao juiz, ouvido o Ministério Público, de ofício ou a requerimento do interessado, nomear, desde logo, curador provisório, o qual estará sujeito, no que couber, às disposições do Código de Processo Civil. (Brasil, 2015)

Ressaltamos que é necessário haver um equilíbrio nas relações, para que as pessoas com deficiência tenham garantidas a igualdade e a inclusão social, uma vez que a capacidade de tomar decisões é cerne da dignidade.

4.5 Programas e ações de apoio ao desenvolvimento inclusivo dos sistemas de ensino

É imperativo conhecer algumas ações e programas implementados pelo Ministério da Educação voltados aos sistemas educacionais inclusivos.

Os Centros de Apoio Pedagógico e os Núcleos de Apoio Pedagógico e Produção em Braille (conhecidos pela sigla NAPPBs) contam com equipamentos e materiais didáticos produzidos pelos centros e cursos de formação para professores e gestores de escolas para o atendimento de alunos cegos e de baixa visão. Eles foram constituídos de 1998 até 2007. Já em 2008, foram desenvolvidas ações de acessibilidade aos livros produzidos em áudio, bem como foram fornecidos computadores portáteis com leitor de tela para os alunos cegos.

A seguir elencamos alguns dos programas oferecidos pelo MEC para o desenvolvimento inclusivo dos sistemas de ensino.

Programa de Formação Continuada de Professores em Educação Especial

Esse programa objetiva "apoiar a formação continuada de professores para atuar nas salas de recursos multifuncionais e em classes comuns do ensino regular, em parceria com Instituições Públicas de Educação Superior – IPES" (Brasil, 2019d). O programa oferta "cursos no nível de aperfeiçoamento e especialização, na modalidade à distância, por meio da Universidade Aberta do Brasil – UAB e na modalidade presencial e semipresencial pela Rede Nacional de Formação Continuada de Professores na Educação Básica – RENAFOR" (Brasil, 2019d).

Programa Educação Inclusiva: direito à diversidade
O propósito desse programa é "apoiar a formação de gestores e educadores, a fim de transformar os sistemas educacionais em sistemas educacionais inclusivos" (Brasil, 2019e). Suas ações voltam-se à realização do Seminário Nacional de Formação dos coordenadores municipais e dirigentes estaduais; prestação de apoio técnico e financeiro e orientação a organização da formação de gestores e educadores dos municípios polos e de abrangência; disponibilização de referenciais pedagógicos para a formação regional (Brasil, 2019e).

Programa Implantação de Salas de Recursos Multifuncionais
Esse programa tem a finalidade de apoiar os sistemas de ensino na implantação de salas de recursos multifuncionais, com materiais pedagógicos e de acessibilidade, para a realização do atendimento educacional especializado, complementar ou suplementar à escolarização. A intenção é atender com qualidade alunos com deficiência, transtornos globais do desenvolvimento e altas habilidades/superdotação, matriculados nas classes comuns do ensino regular. O programa é destinado às escolas das redes estaduais e municipais de educação, em que os alunos com essas características estejam registrados no Censo Escolar MEC/INEP (Brasil, 2019g).

Esse programa apoia os sistemas públicos de ensino na organização e oferta do atendimento educacional especializado:

> O atendimento educacional especializado identifica, elabora e organiza recursos pedagógicos e de acessibilidade que

eliminem as barreiras para a plena participação dos alunos, considerando as suas necessidades específicas. As atividades desenvolvidas no atendimento educacional especializado diferenciam-se daquelas realizadas na sala de aula comum, não sendo substitutivas à escolarização. Esse atendimento complementa e/ou suplementa a formação dos alunos com vistas à autonomia e independência na escola e fora dela. (Brasil, 2008b, p. 16)

É na sala de recursos multifuncionais e pela ação do professor do atendimento educacional especializado que o serviço de tecnologia assistiva se constitui na escola.

Programa Escola Acessível

O Escola Acessível se propõe a "promover condições de acessibilidade ao ambiente físico, aos recursos didáticos e pedagógicos e à comunicação e informação nas escolas públicas de ensino regular" (Brasil, 2019f). Também disponibiliza recursos para ações de acessibilidade nas escolas públicas, promovendo o pleno acesso e a participação das pessoas com deficiência nos ambientes escolares (Brasil, 2019f).

Programa BPC na Escola

Ação que envolve diversos ministérios (Educação, Saúde e Desenvolvimento Social e Combate à Fome), além da Secretaria Especial dos Direitos Humanos, em parceria com municípios, estados e com o Distrito Federal, o BPC na Escola tem por objetivo "realizar o acompanhamento e monitoramento do acesso e da permanência na escola das pessoas com deficiência, beneficiárias do BPC, até 18 anos, por meio da articulação das políticas de educação, saúde, assistência social e direitos humanos" (Brasil, 2019a). Sua intenção primeira é "criar condições para o desenvolvimento da autonomia, participação social e emancipação da pessoa com deficiência. O beneficiário deve ter garantida a sua matrícula na escola da sua comunidade" (Brasil, 2019a).

Projeto Livro Acessível
Esse projeto tem como escopo promover a acessibilidade nos programas do livro ofertados pelo Ministério da Educação. O programa implementa ações de produção e distribuição de livros em formatos acessíveis e de disponibilização de outros recursos de tecnologia assistiva. O programa também funciona no âmbito do Programa Nacional Livro Didático (PNLD) e do Programa Nacional da Biblioteca Escolar (PNBE), "assegurando aos estudantes com deficiência visual matriculados em escolas públicas da educação básica, livros em formatos acessíveis" (Brasil, 2019k). Além disso, "o programa é implementado por meio de parceria entre SECADI, FNDE, IBC e Secretarias de Educação, às quais se vinculam os CAP – Centro de Apoio Pedagógico a Pessoas com Deficiência Visual e os NAPPB – Núcleo Pedagógico de Produção Braille" (Brasil, 2019k).

Programa de Acessibilidade na Educação Superior
Esse projeto "propõe ações que garantem o acesso pleno de pessoas com deficiência às instituições federais de ensino superior (Ifes)" (Brasil, 2019i). Além disso, o principal objetivo do programa é "fomentar a criação e a consolidação de núcleos de

acessibilidade nas IFES, os quais respondem pela organização de ações institucionais que garantam a integração de pessoas com deficiência à vida acadêmica, eliminando barreiras comportamentais, pedagógicas, arquitetônicas e de comunicação" (Brasil, 2019i).

Programa de Apoio à Educação Especial (PROESP)
Objetiva "apoiar projetos de pesquisa e a formação de recursos humanos, no âmbito da pós-graduação stricto sensu, voltadas à produção e avaliação de referenciais, metodologias e recursos de acessibilidade na educação e demais processos pedagógicos e formativos que envolvem o atendimento educacional especializado para alunos com deficiência, transtornos globais do desenvolvimento e altas habilidades/superdotação, realizado de forma complementar ou suplementar à escolarização" (Fundação Capes, 2014).

Programa Nacional para a Certificação de Proficiência no Uso e Ensino da Língua Brasileira de Sinais (Prolibras)
Programa criado para "realizar, por meio de exames de âmbito nacional, a certificação de proficiência no uso e ensino de Libras e na tradução e interpretação da Libras" (Brasil, 2019l).

Centro de Apoio para Atendimento às Pessoas com Deficiência Visual (CAP)/NAPPB
Objetiva "apoiar a formação continuada de professores para o atendimento educacional especializado e a produção de material didático acessível aos estudantes com deficiência visual" (Brasil, 2019c).

Centro de Capacitação de Profissionais da Educação e de Atendimento às Pessoas com Surdez (CAS)
Busca "promover a educação bilíngue, por meio da formação continuada de profissionais para oferta do AEE a estudantes surdos e com deficiência auditiva e da produção de materiais didáticos acessíveis" (Brasil, 2019c).

Núcleos de Atividades de Altas Habilidades/Superdotação (NAAH/S)
Tem a finalidade de "apoiar a formação continuada de professores para atuar no atendimento educacional especializado a estudantes com altas habilidades/superdotação" (Brasil, 2019c).

Síntese

Neste capítulo, analisamos as concessões e aquisições de tecnologia assistiva. Começamos discutindo as políticas públicas voltadas para tal temática e como as denominações são modificadas e adaptadas às concepções vigentes em diferentes períodos históricos. Conhecemos, também, o Plano Nacional dos Direitos da Pessoa com Deficiência – Viver sem Limites, bem como seus objetivos e suas propostas, além das portarias que determinam o atendimento dos serviços de saúde do SUS.

Em seguida, apresentamos os produtos de tecnologia assistiva relacionados e não relacionados às TIC, os quais são organizados em produtos com baixa, média e alta tecnologia. Também identificamos alguns equipamentos de seleção direta e indireta.

Finalizamos com uma reflexão sobre os benefícios no âmbito da política de assistência social em relação à política de saúde e da aplicabilidade do Estatuto da Pessoa com Deficiência, a Lei Brasileira de Inclusão da Pessoa com Deficiência. Por fim, apresentamos alguns programas e ações de apoio ao desenvolvimento inclusivo dos sistemas de ensino.

Indicações culturais
Filmes

OS MELHORES dias de nossas vidas. Direção: Damien O'Donnell. França/Irlanda/Reino Unido, 2004. 104 min.

> Este filme conta a história de dois amigos – um menino tetraplégico e um garoto com paralisia cerebral – que, cansados das regras da vida, resolvem abandonar a instituição em que estão internados.

MEU PAI, meu herói. Direção: Nils Tavernier. França/Bélgica, 2013. 89 min.

> Julien usa cadeira de rodas e, como todos os adolescentes, sonha com grandes aventuras e emoções. Para realizar um de seus sonhos, ele convence o pai a competir a seu lado na modalidade ironman de *triathlon*, uma das provas mais difíceis do circuito mundial. Durante o treinamento, o jovem tem a chance de reconstruir a relação com o pai, transformando a vida de toda a família.

ALÉM dos meus olhos. Direção: John Korty. EUA, 1987. 94 min.

> Este filme é baseado na vida de um casal de cegos, James e Ethel, que, ao descobrirem que não podem ter filhos, tentam a adoção. O filme aborda a temática do preconceito.

Livro

KUPFER, M.C. **Educação para o futuro**: psicanálise e educação. São Paulo: Escuta, 2000.

Este livro relata uma prática realizada na pré-escola terapêutica Lugar de Vida, do Instituto de Psicologia da Universidade de São Paulo (USP), numa experiência que colocou psicanalistas e educadores voltados para a melhoria da educação. Na obra, são citados alguns fatos sociais que se refletem nas atitudes dos alunos, como fracasso escolar, indisciplina e vandalismo.

Atividades de autoavaliação

1. O MEC propôs um programa para o cumprimento da política de inclusão escolar que apoia os estudantes da rede pública regular e promove recursos, serviços e ofertas do atendimento educacional especial especializado. Qual é o nome desse programa?
   a) Plano Viver com Limite.
   b) Agenda Social Direitos de Cidadania.
   c) Plano Viver sem Limite.
   d) Convenção Internacional sobre os Direitos das Pessoas com Deficiência.
   e) Plano Deslimite.

2. Vários são os produtos de tecnologia assistiva disponibilizados no mercado ou adaptados. A esse respeito, indique a seguir a alternativa que apresenta a classificação correta dos produtos de tecnologia assistiva:
   a) Produtos sem tecnologia; produtos com tecnologia.
   b) Produtos com baixa tecnologia; produtos com média tecnologia; produtos com alta tecnologia.
   c) Produtos com tecnologia.
   d) Produtos com alta tecnologia.
   e) Produtos sem tecnologia.

3. Assinale a alternativa que apresenta exemplos de equipamentos de seleção direta:
   a) *Mouses*, teclados e telas sensíveis ao toque.
   b) *Softwares* que possibilitam a seleção de determinada função.
   c) *Hardwares* que possibilitam a seleção de determinada função.
   d) *Mouses*, teclados e telas sensíveis ao toque, além de *softwares* e *hardwares*.
   e) *Softwares* e *hardwares* importados.

4. Conforme apresentamos neste capítulo, a proteção social somente se efetiva quando os indivíduos que compõem a sociedade são politicamente engajados em sua estruturação. Ao analisarmos a política social, precisamos considerar não só os benefícios adquiridos, mas também:
   a) a concessão, a manutenção e a continuidade de tais benefícios.
   b) as necessidades existentes.

c) a aquisição de bens e serviços conforme as necessidades do público-alvo.
d) os benefícios ofertados.
e) as legislações que oficializam esses benefícios.

5. A organização do Estatuto da Pessoa com Deficiência estabelece os direitos e deveres e atribui, para cada segmento da sociedade, responsabilidade por sua efetivação. Para a eficácia desse texto legal, é necessário que todos os brasileiros:
   a) o conheçam, sem nenhum tipo de distinção.
   b) busquem efetivar seus preceitos, sem nenhum tipo de distinção.
   c) respeitem a efetivação de seus preceitos, sem nenhum tipo de distinção.
   d) o conheçam, respeitem-no e busquem efetivar seus preceitos, sem nenhum tipo de distinção
   e) somente o leiam e o interpretem adequadamente.

Atividades de aprendizagem

Questões para reflexão

1. Reflita sobre as quatro questões fundamentais das condições sociais e do processo de saúde na população: atendimento direto aos usuários; mobilização, participação e controle social; investigação, planejamento e gestão; assessoria, qualificação e formação profissional. Em sua opinião, tais condições estão sendo satisfatoriamente oferecidas à população geral?

2. Faça uma análise das quatro questões levantadas na atividade anterior considerando a real condição da população da educação especial referente à sua cidade ou localidade. Elas estão sendo levadas eficientemente a cabo, considerando os conceitos trabalhados neste capítulo e a realidade que você observou?

Atividade aplicada: prática

1. Visite duas ou mais escolas na cidade em que você mora e pesquise se elas utilizam ou não algum programa oferecido pelo Estado voltado ao uso da tecnologia assistiva. Se sim, descreva o programa e seus efeitos diretos na escola; se não, questione o porquê do não uso dos programas oferecidos. Em seguida, elabore um relatório com as respostas obtidas e verifique se o que é oferecido legalmente condiz com o que é efetivamente utilizado nas escolas pesquisadas.

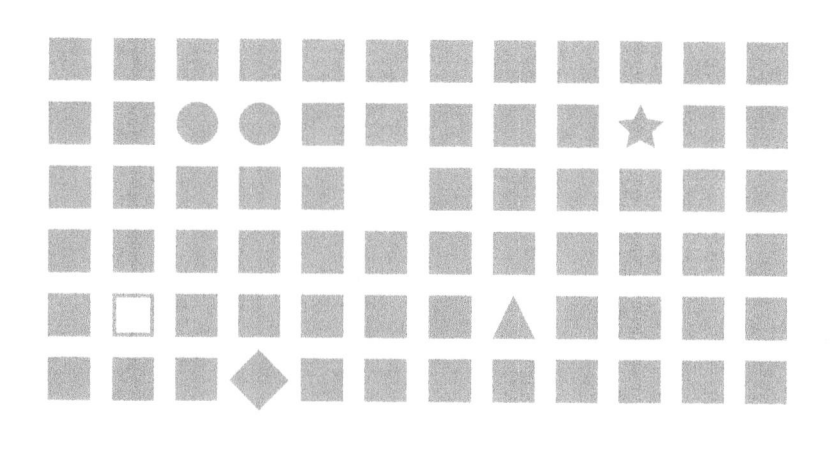

Capítulo 5
Desenho universal: pesquisa, desenvolvimento e inovação

Neste capítulo, comentaremos o desenvolvimento e as inovações do desenho universal. Para tal, identificaremos a tecnologia assistiva fora das salas de recursos e revisaremos suas demandas concretas.

Além disso, descreveremos as demandas de recursos para a acessibilidade física e de apoios humanos, tais como o suporte de acessibilidade, sempre considerando as demandas de formação, suporte, serviços e políticas públicas de tecnologia assistiva.

5.1 Desenho universal e acessibilidade

Em 1987, Ronald Mace, cadeirante norte-americano, em colaração com outros pesquisadores, criou o termo *universal design* (em português, *desenho universal* ou *desenho para todos*), sob o conceito de se utilizar dos recursos disponíveis para atender às necessidades das pessoas. Mace e seus colegas estabeleceram sete princípios mundialmente adotados para todos os programas de acessibilidade plena, os quais estão descritos no Quadro 5.1, a seguir.

Quadro 5.1 – Princípios mundiais do desenho universal

Igualitário: uso equiparável – espaços, objetos e produtos que podem ser utilizados por pessoas com diferentes capacidades, tornando os ambientes iguais para todos. Portas com sensores que se abrem sem exigir força física ou alcance das mãos de usuários de alturas variadas.	
Adaptável: uso flexível – *design* de produtos ou espaços que atendem pessoas com diferentes habilidades e diversas preferências, sendo adaptáveis para qualquer uso.	
Óbvio: uso simples e intuitivo – de fácil entendimento para que uma pessoa possa compreender, independentemente de sua experiência, conhecimento, habilidades de linguagem, ou nível de concentração.	sanitário masculino e para pessoas com deficiência sanitário feminino e para pessoas com deficiência
Conhecido: informação de fácil percepção – quando a informação necessária é transmitida de forma a atender as necessidades do receptor, seja ela uma pessoa estrangeira, com dificuldade de visão ou audição.	

(continua)

(Quadro 5.1 – conclusão)

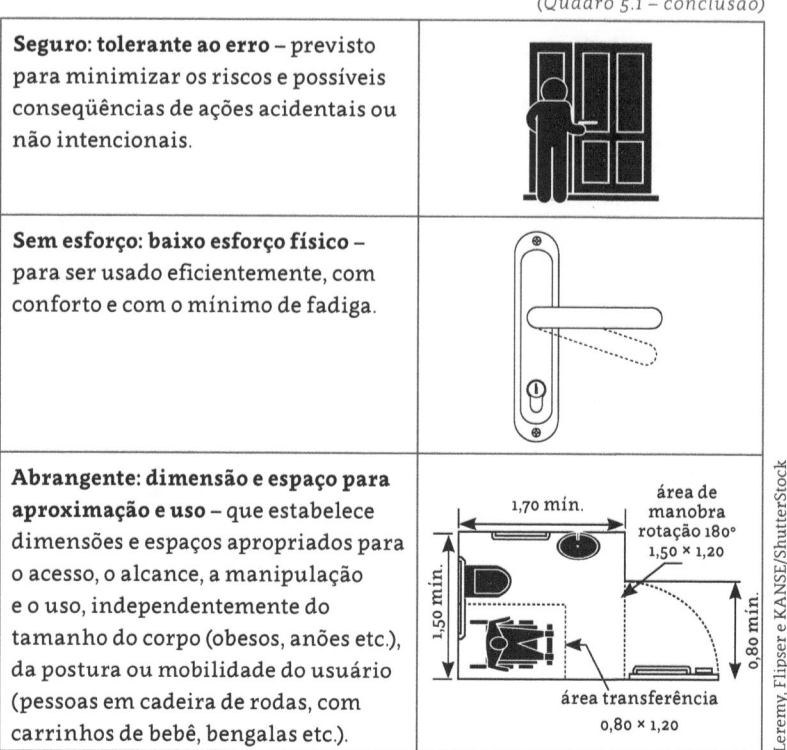

Seguro: tolerante ao erro – previsto para minimizar os riscos e possíveis conseqüências de ações acidentais ou não intencionais.	
Sem esforço: baixo esforço físico – para ser usado eficientemente, com conforto e com o mínimo de fadiga.	
Abrangente: dimensão e espaço para aproximação e uso – que estabelece dimensões e espaços apropriados para o acesso, o alcance, a manipulação e o uso, independentemente do tamanho do corpo (obesos, anões etc.), da postura ou mobilidade do usuário (pessoas em cadeira de rodas, com carrinhos de bebê, bengalas etc.).	1,70 mín.; 1,50 mín.; área de manobra rotação 180° 1,50 × 1,20; área transferência 0,80 × 1,20; 0,80 mín.

Fonte: Carleto; Cambiaghi, 2019, p. 12-16.

O desenho universal insurge na resposta à inclusão, pois possibilita a construção do *design* e da arquitetura acessíveis, sem adaptações específicas, comungando, dessa forma, com as legislações brasileira e mundial, que apregoam a concepção de produtos, ambientes, programas e serviços a serem usados por toda a população, com ou sem deficiência.

Alguns fatores estão associados à garantia de resultados positivos no uso da tecnologia assistiva. De acordo com Kintsch (citado por Amorim et al., 2009a, p. 28), são eles:

– O fabricante: tipos de produtos comercialmente disponíveis no mercado; requisitos de projeto que atenda às necessidades identitárias, expectativas e funcionalidades; testes e avaliações feitas com diversas categorias de usuários, durante o projeto; critérios de utilidade, eficiência, segurança, durabilidade, estética adequada e preço realista; compreensão das condições em que seu projeto vai ser utilizado;

– O usuário: iniciativa, reconhecimento da necessidade de TA, busca ativa da ampliação de suas atividades funcionais, conhecimento dos próprios direitos, informação sobre as potencialidades da TA; uso da TA dentro de um projeto de vida e não apenas como mecanismo compensatório;

– O cuidador: identificação e avaliação das necessidades, capacidades e limitações reais do usuário; observação e conhecimento das atividades e contextos reais de uso; conhecimento da satisfação e conforto do usuário com a TA utilizada;

– O profissional e prestadores de serviços de TA: identificação e avaliação das necessidades, capacidades e limitações reais do usuário; observação e conhecimento das atividades em situações reais de vida do usuário; busca de compatibilidade entre tecnologias; consideração das opiniões e preferências do usuário bem como dos valores culturais e familiares envolvidos; seguimento adequado do usuário, com foco na avaliação da satisfação e conforto do usuário com a TA utilizada.

Não há dúvidas de que a tecnologia assistiva tende a aumentar e ampliar seus serviços, atendimentos e disponibilidades. Cabe aos professores buscar sempre as novidades ofertadas e, principalmente, compartilhar com seus pares as descobertas, criações e achados desse universo tão amplo e necessário para a inclusão dos alunos com necessidades especiais.

Daí a ideia de verdadeira inclusão, uma prática social aplicada às áreas educacional, laboral, arquitetônica, lúdica e cultural, entre outras, a fim de proporcionar aquilo que é de direito de todos os cidadãos.

Logicamente, em cada área, é necessário buscar uma aplicação própria. Por exemplo, a educação volta-se para metodologias, recursos pedagógicos e outros itens peculiares; já a arquitetura restringe-se à elaboração de projetos que visam possibilitar o uso de forma autônoma por todos os tipos de usuários, como acessos físicos em edificações, indicações visuais e sonoras nos caminhos a serem percorridos; já a área médica tem como foco a busca de melhorias de situações físicas e psíquicas, e assim por diante.

Fica claro, desse modo, que o desenho universal considera a diversidade e o respeito às diferenças, para criar o que for preciso na busca pela inclusão.

5.2 Demandas concretas de tecnologia assistiva

A respeito do desenho universal, o Decreto n. 5.296, de 2 de dezembro de 2004, mais especificamente no art. 8°, inciso IX, apresenta as seguintes considerações: "concepção de espaços, artefatos e produtos que visam atender simultaneamente todas as pessoas, com diferentes características antropométricas e sensoriais, de forma autônoma, segura e confortável, constituindo-se nos elementos ou soluções que compõem a acessibilidade" (Brasil, 2004a).

O mesmo decreto conceitua a acessibilidade como "condição para utilização, com segurança e autonomia, total ou assistida, dos espaços, mobiliários e equipamentos urbanos, das edificações, dos serviços de transporte e dos dispositivos, sistemas e meios de comunicação e informação, por pessoa com deficiência ou com mobilidade reduzida" (Brasil, 2004a).

Podemos observar no texto legal uma clara relação entre acessibilidade e tecnologia assistiva, isto é, os conceitos de ambas se completam. As tecnologias e a acessibilidade andam juntas e servem à comunidade com igual importância.

A partir da publicação da Política Nacional da Educação Especial na Perspectiva Inclusiva (Brasil, 2008b), o atendimento de alunos de inclusão passou a acontecer nas escolas públicas, especificamente no atendimento educacional especializado (AEE). Essa foi uma conquista no sentido de garantir os direitos de todos.

O AEE acontece regularmente nas salas de recursos multifuncionais (SRMF), que, como já apresentamos, são espaços, em escolas públicas de educação básica, munidos de equipamentos, recursos de acessibilidade e materiais pedagógicos voltados para o acompanhamento e auxílio nos processos de escolarização e inclusão.

Nesse sentido, em 2010 foi publicado o Manual de Orientação para o Programa de Implantação de Sala de Recursos Multifuncionais. Conforme consta no texto da Apresentação do manual:

A distribuição do *Manual de Orientação do Programa de Implantação de Salas de Recursos Multifuncionais* tem como objetivo informar os sistemas de ensino sobre as ações deste Programa, instituído pelo Ministério da Educação, por meio da Secretaria de Educação Especial/SEESP, para apoiar a organização do atendimento educacional especializado – AEE aos alunos com deficiência, transtornos globais do desenvolvimento e altas habilidades/superdotação, matriculados no ensino regular.

A implantação das Salas de Recursos Multifuncionais nas escolas comuns da rede pública de ensino atende a necessidade histórica da educação brasileira, de promover as condições de acesso, participação e aprendizagem dos alunos público alvo da educação especial no ensino regular, possibilitando a oferta do atendimento educacional especializado, de forma não substitutiva à escolarização. (Brasil, 2010c, p. 3, grifos do original)

O Programa de Implantação de Salas de Recursos Multifuncionais disponibiliza mobiliários, materiais didáticos e pedagógicos para a organização das salas e a oferta do AEE. As salas são implantadas conforme as espedcificidades dos casos dos alunos atendidos; por exemplo, se não houver alunos cegos, as salas serão do tipo I; se atender a alunos cegos, será do tipo II.

No Quadro 5.2, a seguir, são listados os equipamentos e materiais didático-pedagógicos listados para as salas do tipo I.

Quadro 5.2 – Especificação dos itens das SRMF tipo I

Equipamentos	Materiais didático-pedagógicos
02 Microcomputadores 01 Laptop 01 Estabilizador 01 Scanner 01 Impressora laser 01 Teclado com colmeia 01 Acionador de pressão 01 Mouse com entrada para acionador 01 Lupa eletrônica	01 Material Dourado 01 Esquema Corporal 01 Bandinha Rítmica 01 Memória de Numerais l 01 Tapete Alfabético Encaixado 01 Software Comunicação Alternativa 01 Sacolão Criativo Monta Tudo 01 Quebra-Cabeças – sequência lógica 01 Dominó de Associação de Ideias 01 Dominó de Frases 01 Dominó de Animais em Libras 01 Dominó de Frutas em Libras 01 Dominó tátil 01 Alfabeto braille 01 Kit de lupas manuais 01 Plano inclinado – suporte para leitura 01 Memória Tátil
Mobiliários	
01 Mesa redonda 04 Cadeiras 01 Mesa para impressora 01 Armário 01 Quadro branco 02 Mesas para computador 02 Cadeiras	

Fonte: Brasil, 2010c, p. 11.

Recursos para alunos com deficiência visual podem ser acrescidos à sala tipo I. Nesse caso, ela é renomeada como *sala tipo II*. Observe o Quadro 5.3 e confira quais são seus componentes.

Quadro 5.3 – Especificação dos itens das SRMF tipo II

Equipamentos e materiais didático-pedagógicos
01 Impressora Braille – pequeno porte
01 Máquina de datilografia Braille
01 Reglete de Mesa
01 Punção
01 Soroban
01 Guia de Assinatura
01 Kit de Desenho Geométrico
01 Calculadora Sonora

Fonte: Brasil, 2010c, p. 12.

Infelizmente, sabemos que tal programa não atende a todas as escolas e, consequentemente, à maioria dos alunos, pois somente algumas escolas dispõem desses serviços. Portanto, é preciso conhecer a legislação, buscar os órgãos competentes (no caso, as Secretarias de Educação) e pleitear a instalação de SRMF nas escolas.

Mesmo que não haja obrigatoriedade de os alunos com deficiência fazerem uso dessas salas, elas precisam estar disponíveis, constituindo-se como lugares atrativos de complementação ou suplementação do atendimento. Reforçamos que a educação inclusiva é para todos os alunos, mesmo para aqueles que não precisem diretamente fazer uso dela. Logo, as SRMF devem estar disponíveis para a utilização dos alunos que apresentem necessidade de ajuda.

Acreditamos na importância do AEE; sabemos que ele não garante a inclusão e que, da mesma forma, pode haver inclusão sem esse atendimento. No entanto, não há espaços para improvisos ou arranjos. Por isso, a lei deve ser cumprida. É mais sensato que as escolas contem com SRMF, mesmo que não haja alunos que precisem delas, do que necessitar de uma sala assim e não poder disponibilizá-la aos estudantes.

A rede pública de educação conta com uma possibilidade de financiamento para a compra de recursos de tecnologia assistiva. Trata-se do Plano de Ações Articuladas (PAR).

O Plano de Ações Articuladas é um instrumento de planejamento da educação por um período de quatro anos. É um plano estratégico de caráter plurianual e multidimensional que possibilita a conversão dos esforços e das ações do Ministério da Educação, das Secretarias de Estado e Municípios, num SISTEMA NACIONAL DE EDUCAÇÃO. A elaboração do PAR é requisito necessário para o recebimento de assistência técnica e financeira do MEC/FNDE, de acordo com a Resolução/CD/FNDE n° 14 de 08 de junho de 2012. (Brasil, 2019i)

Como visto, o PAR tem como meta possibilitar que as secretarias, tanto municipais quanto estaduais, distribuam verbas para as adequações necessárias ao atendimento dos alunos com deficiência. Tais recursos podem se voltar à construção de SRMF ou à compra de materiais didáticos para complementar a sala de AEE.

5.3 Demandas de recursos para a acessibilidade física

De acordo com o dicionário Houaiss (IAH, 2019), acessibilidade significa "qualidade ou caráter do que é acessível; facilidade na aproximação, no tratamento ou na aquisição". Na

Constituição Federal de 1988, no art. 5º, inciso XV, consta: "é livre a locomoção no território nacional em tempo de paz, podendo qualquer pessoa, nos termos da lei, nele entrar, permanecer ou dele sair com seus bens".

Logo, a acessibilidade, acima de tudo, é uma forma de respeito – no nosso caso, às diferenças –, de tal modo que se simplifique a vida das pessoas, conferindo-lhes acesso a serviços, diminuindo custos e oferecendo-lhes oportunidades de escolha. Nesse sentido, a tecnologia assistiva pode favorecer o desenvolvimento de projetos de urbanização que eliminam as barreiras físicas de acesso e de mobilidade das pessoas com deficiência por intermédio de modificações e/ou adaptações em diferentes ambientes (casa e/ou trabalho), tais como: rampas, elevadores, prateleiras em alturas adequadas etc.

Por sua vez, órteses e próteses constituem outro grupo de recursos que são confeccionados para ajudar na mobilidade do corpo ou facilitar a realização de determinadas funções. Elas podem ser manuais (favorecem a função da escrita, a digitação, a preensão etc.) ou, mesmo, recursos de adequação postural, que possibilitam condições para a pessoa manter uma postura estável e confortável para fazer suas atividades.

Assim, o serviço prestado pela tecnologia assistiva está presente na avaliação, na prescrição, na locomoção, na comunicação, no ensino, no transporte, no lazer etc. A escolha do tipo de recurso de tecnologia assistiva deve estar vinculada diretamente à realidade do usuário, tendo como fundamento o seu contexto, seus interesses e suas necessidades funcionais e pessoais. A equipe de profissionais envolvida em cada caso deve analisar os recursos adequados e disponíveis, avaliando de que forma o uso desses recursos favorece a inserção social, profissional, familiar e educacional da pessoa.

A esse respeito, o Decreto n. 5.296 apresenta a acessibilidade como o fornecimento de condições para a utilização, a segurança e a autonomia, total ou assistida, de "espaços, mobiliários e equipamentos urbanos, das edificações, dos serviços de transporte e dos dispositivos, sistemas e meios de comunicação e informação, por pessoa com deficiência ou com mobilidade reduzida" (Brasil, 2004a). O decreto ainda define barreiras como quaisquer entraves ou obstáculos que limitem ou impeçam o acesso, a liberdade de movimento, a circulação com segurança e a possibilidade de as pessoas se comunicarem ou terem acesso à informação. Esse direito está atrelado ao respeito perante a diversidade, sendo diferente da visão somente assistencialista (Brasil, 2004a).

A Lei n. 10.257, de 10 de julho de 2001, "Regulamenta os arts. 182 e 183 da Constituição Federal, estabelece diretrizes gerais da política urbana e dá outras providências" (Brasil, 2001e). Em seu art. 41, parágrafo 3º, consta:

> As cidades de que trata o **caput** deste artigo devem elaborar plano de rotas acessíveis, compatível com o plano diretor no qual está inserido, que disponha sobre os passeios públicos a serem implantados ou reformados pelo poder público, com vistas a garantir acessibilidade da pessoa com deficiência ou com mobilidade reduzida a todas as rotas e vias existentes, inclusive as que concentrem os focos geradores de maior circulação de pedestres, como os órgãos públicos e os locais de prestação de serviços públicos e privados de saúde, educação,

assistência social, esporte, cultura, correios e telégrafos, bancos, entre outros, sempre que possível de maneira integrada com os sistemas de transporte coletivo de passageiros. (Brasil, 2001e, grifo do original)

A NBR 9050, que trata da acessibilidade, define-a como "possibilidade e condição de alcance, percepção e entendimento para utilização, com segurança e autonomia, de espaços, mobiliários, equipamentos urbanos, edificações, transportes, informação e comunicação" (ABNT, 2015, p. 2).

Observe nas imagens a seguir (Figuras 5.1 e 5.2) as duas formas de representar os símbolos internacionais de acesso para cadeirantes.

Figura 5.1 – Símbolos internacionais de acesso – Forma A

a) Branco sobre fundo azul   b) Branco sobre fundo preto   c) Preto sobre fundo branco

Normas ABNT utilizadas como referência. ABNT, 2015.

Fonte: ABNT, 2015, p. 39.

Figura 5.2 – Símbolos internacionais de acesso – Forma B

a) Branco sobre fundo azul   b) Branco sobre fundo preto   c) Preto sobre fundo branco

Normas ABNT utilizada como referência. ABNT, 2015.

Fonte: ABNT, 2015, p. 39.

Dessa forma, espaços, edificações, mobiliários e equipamentos urbanos devem ser projetados para atender tal determinação, principalmente em espaços públicos como escolas, hospitais etc.

Espaços, edificações, equipamentos urbanos, mobiliários ou artefatos que possam ser alcançados, acionados ou usados por qualquer pessoa estão dentro do campo da acessibilidade. Além da abrangência nos aspectos físicos, deve haver também um olhar voltado para as pessoas com deficiência e mobilidade reduzida.

Com relação ao espaço escolar, há determinações específicas, tais como: "a entrada de alunos deve estar preferencialmente, localizada na via de menor fluxo de tráfego de veículos" (ABNT, 2015, p. 135).

Ainda segundo a NBR 9050: "Deve existir pelo menos uma rota acessível interligando o acesso de alunos às áreas administrativas, de prática esportiva, de recreação, de alimentação, salas de aula, laboratórios, bibliotecas, centros de leitura e demais ambientes pedagógicos. Todos estes ambientes devem ser acessíveis" (ABNT, 2015, p. 135).

A Figura 5.3 ilustra um exemplo de acessibilidade considerando terminais de consulta e estantes em bibliotecas, conforme ilustrado na NBR 9050:

Figura 5.3 – Terminais de consulta e estantes em bibliotecas: vistas frontal e lateral

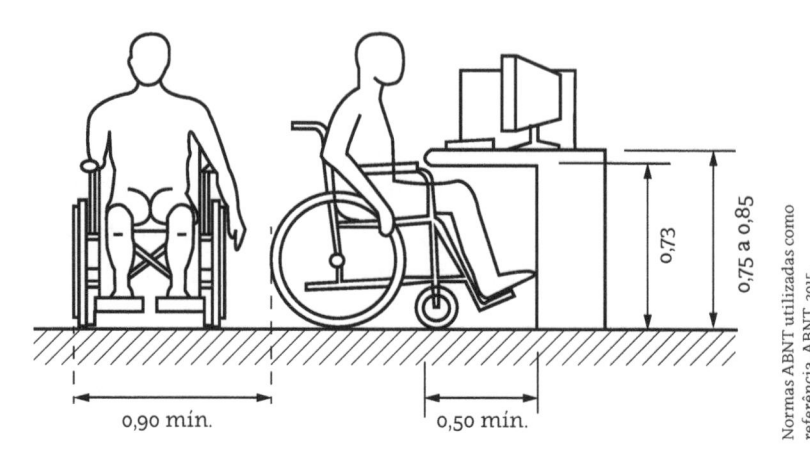

[Figura: vista frontal de usuário de cadeira de rodas com dimensões 0,90 mín. e vista lateral com cadeira de rodas sob mesa com terminal de consulta, indicando 0,73; 0,75 a 0,85; e 0,50 mín.]

Normas ABNT utilizadas como referência. ABNT, 2015.

Fonte: ABNT, 2015, p. 136-137.

Ainda segundo a norma em questão: "Em complexos educacionais e *campi* universitários, quando existirem equipamentos complementares como piscinas, livrarias, centros acadêmicos, locais de culto, locais de exposições, praças, locais de hospedagem, ambulatórios, bancos e outros, estes devem ser acessíveis". (ABNT, 2015, p. 135, grifo do original). Além disso, o documento recomenda que "os elementos do mobiliário interno sejam acessíveis, garantindo-se as áreas de aproximação e manobra e as faixas de alcance manual, visual e auditivo" (ABNT, 2015, p. 135).

Sobre as carteiras, a norma afirma: "Quando forem utilizadas cadeiras do tipo universitário (com prancheta acoplada), devem ser disponibilizadas mesas acessíveis a P.C.R. na proporção de pelo menos 1% do total de cadeiras, com no mínimo uma para cada duas salas" (ABNT, 2015, p. 88).

No que se refere aos quadros utilizados pelos professores, a regra apresentada na norma é a seguinte: "As lousas devem ser acessíveis e instaladas a uma altura inferior máxima de 0,90 m do piso. Deve ser garantida a área de aproximação lateral e manobra da cadeira de rodas" (ABNT, 2015, p. 136).

Também há normatização em relação ao mobiliário comum das escolas: "Todos os elementos do mobiliário da edificação, como bebedouros, guichês e balcões de atendimento, bancos de alvenaria, entre outros, devem ser acessíveis" (ABNT, 2015, p. 136).

A norma também estabelece indicações para as instalações de bebedouros: "O bebedouro de altura de bica de 0,90 m deve ter altura livre inferior de no mínimo 0,73 m do piso acabado, e deve ser garantido um M.R. para a aproximação frontal" (ABNT, 2015, p. 116).

Quanto às escadas, a norma aponta que devem ser providas de corrimãos em duas alturas (ABNT, 2015). Além disso, para escadas e rampas com largura superior a 2,40m, "é necessária a instalação de no mínimo um corrimão intermediário" (ABNT, 2015, p. 63):

A norma apregoa também que nas bibliotecas e nos centros de leitura, "Pelo menos 5%, com no mínimo uma das mesas, deve ser acessível. [...] Recomenda-se, além disso, que pelo menos outros 10% sejam adaptáveis para acessibilidade" (ABNT, 2015, p. 136).

Por sua vez, quanto à organização do mobiliário de arrumação de livros, a regra dita: "A largura livre nos corredores entre estantes de livros deve ser de no mínimo 0,90 m de largura [...]. Nos corredores entre as estantes, a cada 15 m, deve haver um espaço que permita a manobra da cadeira de rodas. Recomenda-se atender às necessidades de espaço para circulação e manobra" (ABNT, 2015, p. 136).

5.4 Demandas de apoios humanos como suporte de acessibilidade

Mais importante que os recursos e o apoio físico certamente é o apoio humano dado às pessoas com deficiência. Sem dúvida, é preciso fomentar o respeito pela dignidade, a aproximação da autonomia individual e, com efeito, a participação da pessoa com deficiência como cidadã de direito na sociedade.

Um fator importante é não negar a deficiência ou fazer de conta que ela não existe. Por isso, as pessoas que convivem com o deficiente devem conversar sobre as possibilidades e dificuldades que ela sente, pois isso ajuda no trato e contribui para apurar o entendimento de como oferecer apoio sem superestimar ou subestimar a pessoa. Devemos considerar que a troca de informações é uma forma de aproximação.

Veja, no Quadro 5.4, algumas observações importantes sobre o trato com pessoas com deficiência.

Quadro 5.4 – Observações sobre o trato com pessoas com deficiência

Deficiência visual	<ul><li>Ao se aproximar de um deficiente visual ou dirigir-se a ele, apresente-se e comunique sua intenção em tom de voz normal.</li><li>Da mesma forma, avise quando estiver se afastando da pessoa.</li><li>Ao conduzi-la, ofereça seu cotovelo ou ombro para que ela segure em você, e não você nela.</li><li>Avise com antecedência a existência de buracos, degraus, curvas, escadas ou outros obstáculos.</li><li>As explicações devem ser claras e específicas.</li></ul>

(continua)

(Quadro 5.4 – continuação)

Deficiência visual	• Em corredores estreitos, vá à frente e deixe a mão ou ombro para que a pessoa seja conduzida. • Em espaços pequenos, descreva os móveis, para que a pessoa possa se localizar. • Para sentar, guie a pessoa até o assento e coloque a mão dela nele. Se for o caso, segure a cadeira para que ela não escorregue e deixe a pessoa se sentar e sozinha. • Ao conversar com um deficiente visual, você pode fazer gestos, movimentos com a cabeça e indicações, mas lembre-se de que ele não enxerga nada. • Não se preocupe com o uso de termos como *veja* e *olhe*, pois os deficientes visuais os utilizam da mesma forma. • Se você se sentir constrangido, comente sobre a situação, isso trará mais proximidade entre vocês. • Não distraia o cão-guia com afagos, alimentos e brincadeiras. Ele foi treinado e trabalha sob grande responsabilidade.
Deficiência física e motora	• Quando a pessoa estiver sentada, abaixe-se ou sente-se para conversar no mesmo nível. Isso demonstra respeito e é mais confortável. • Em conversas, é importante ficar de frente, para que a pessoa possa participar. • Peça licença para mexer na cadeira de rodas, bengala ou nas muletas. Eles são pertences da pessoa e funcionam como extensões de seu corpo. Deixe as muletas e bengalas sempre ao alcance da pessoa. • Ao conduzir uma cadeira de rodas, tome muito cuidado com desníveis do chão, obstáculos e degraus. Suba escadas com a cadeira inclinada para trás, sendo que a descida deve ser realizada com a cadeira de costas. Mas só faça isso se tiver certeza de que consegue. Peça sempre ajuda, a fim de evitar acidentes. • Como cada pessoa tem uma necessidade específica, é importante conversar sobre as dúvidas dela. Isso traz proximidade entre vocês.

(Quadro 5.4 – conclusão)

Deficiência física e motora	• Pessoas com paralisia cerebral podem não ser bem entendidas. Assim, peça que repitam o que dizem, caso não as entenda, ou peça ajuda.
Deficiência auditiva	• Se a pessoa fizer leitura labial, fique sempre de frente, fale de maneira clara e pronuncie bem as palavras, sem exageros. • Gestos e expressões ajudam no entendimento da pessoa com deficiência auditiva. • Se ela não estiver prestando atenção, acene ou toque levemente no braço dela. • Use a linguagem de sinais sempre que possível. Aprenda os cumprimentos básicos, como uma forma de aproximação. • Olhe para a pessoa. Se você desviar o olhar, ela poderá pensar que você não está interessado ou que a conversa terminou. • Se você não entender algo que a pessoa falou, peça a ela que repita, sem constrangimentos. • Quando houver um intérprete, a pessoa surda olhará para ele, mas você não deve fazer o mesmo. Olhe sempre para a pessoa com quem você está falando. • Usar mensagens escritas é sempre uma boa solução. Por isso, não fique receoso de escrever algo no celular e mostrar para a pessoa.
Deficiência intelectual	• Mesmo que a pessoa não demonstre entender sua chegada, cumprimente-a e a trate com respeito. • Ajude-a somente quando for solicitado. As pessoas preferem agir com autonomia, mesmo que seja mais demorado ou difícil. • Se houver dúvida, peça ajuda e converse com a pessoa ou acompanhante sobre isso.

Você deve ter percebido que uma das melhores formas de incluir é agir com naturalidade, bem como conversar sobre as dificuldades apresentadas e formas de ajudar. Ao sentir dificuldades, não se deve tentar solucioná-las sozinho. É recomendável buscar orientação, pedir ajuda, conversar com a pessoa ou o responsável. Somente se inteirando da situação é que se consegue interagir de forma mais eficiente com uma pessoa com deficiência.

5.5 Demandas de formação, suporte, serviços e políticas públicas de tecnologia assistiva

Muitos são os avanços em relação aos direitos das pessoas com deficiência, principalmente nos campos político e educativo. Por outro lado, as dificuldades se avolumam com a mesma intensidade. Assim, devemos buscar conhecer quais são as demandas de formação, suporte, serviços e políticas públicas na área da tecnologia assistiva para delas usufruir considerando-se todos os direitos apregoados na legislação brasileira.

Nesse sentido, deve-se buscar conhecer as secretarias criadas no país e o que elas oferecem. Sob essa ótica, vale conferirmos as responsabilidades da Secretaria de Educação Continuada, Alfabetização, Diversidade e Inclusão (Secadi):

- Planejar, orientar e coordenar, em articulação com os sistemas de ensino dos Estados, Distrito Federal, Municípios e as representações sociais, a implementação de políticas para a alfabetização e educação de jovens e adultos ao longo da vida, para a educação do campo, para a educação escolar indígena, para a educação em áreas remanescentes de quilombos, para a educação nas relações étnico-raciais, para a educação em direitos humanos e para a educação especial;

- Viabilizar ações de cooperação técnica e financeira entre a União, os Estados, o Distrito Federal, os Municípios e organismos nacionais e internacionais, voltadas à alfabetização e à educação de jovens e adultos, à educação do campo, à educação dos povos indígenas, à educação em áreas remanescentes de quilombos, à educação para as relações étnico-raciais, à educação em direitos humanos e à educação especial;
- Coordenar ações educacionais voltadas à diversidade sociocultural e linguística, aos direitos humanos e à inclusão, visando à efetivação de políticas públicas transversais e intersetoriais de competência da Secretaria, em todos os níveis, etapas e modalidades; e
- Desenvolver e fomentar a produção de conteúdo, programas de formação de professores e materiais didáticos e pedagógicos específicos às modalidades de ensino e temáticas de sua competência. (Brasil, 2019h)

A Secadi tem como meta minimizar a desigualdade educacional por meio de políticas públicas que atendem a públicos específicos e historicamente excluídos do processo educacional. O orgão também é responsável por trabalhar com temáticas relacionadas à inclusão, tais como educação especial, educação para as relações étnico-raciais, educação do campo, entre outras.

As ações da Secadi se voltam para projetos e programas destinados à formação de gestores e educadores, à produção e distribuição de materiais didáticos e pedagógicos, à disponibilização de recursos tecnológicos e à melhoria da infraestrutura das escolas, buscando incidir sobre fatores que promovam o pleno acesso à escolarização e à participação de todos os estudantes, com redução das desigualdades educacionais, equidade e respeito às diferenças.

Devemos conhecer também o Centro Nacional de Referências em Tecnologia Assistiva (CNRTA), entidade voltada para a disponibilização de tecnologia assistiva. Essa temática também é contemplada pelo Centro de Tecnologia da Informação Renato Archer, que desenvolve projetos de pesquisa relacionados à inclusão e ao desenvolvimento social.

O Centro de Tecnologia da Informação Renato Archer– CTI é uma unidade de pesquisa do Ministério da Ciência, Tecnologia, Inovações e Comunicações (MCTIC). Foi inaugurado em 1982 e, desde então, atua na pesquisa e no desenvolvimento em tecnologia da informação. A intensa interação com o setor acadêmico (por meio de diversas parcerias em pesquisa), e com o setor industrial, por meio de vários projetos de cooperação com empresas, mantém o CTI no estado da arte em seus principais focos de atuação, tais como: microeletrônica, componentes eletrônicos, sistemas, mostradores de informação, software, aplicações de TI, robótica, visão computacional, tecnologias de impressão 3D para indústria e medicina, e softwares de suporte à decisão. Essa integração com a academia e com o setor produtivo torna o CTI uma instituição capaz de atender demandas da indústria, tornando-as temas de pesquisas, de forma a estimular um ciclo de P&D diversificado, focado em prover soluções para o mercado (CTI Renato Archer, 2019).

Como órgão do governo federal, o CTI Renato Archer tem muito a contribuir com os avanços em pesquisas sobre a tecnologia assistiva.

Síntese

Neste capítulo, estudamos o desenho universal e seus princípios, organizados em um universo de determinações que contribuem para a inclusão, tanto na área escolar quanto fora dela. Também discutimos como se dá a organização da sala de recursos multifuncionais (SRMF), o que a lei estabelece sobre ela e o que é realizado. Conhecemos, ainda, o Plano de Ações Articuladas (PAR), que financia a aquisição de tecnologia assistiva.

Ainda, abordamos as normas técnicas brasileiras de acessibilidade (NBR 9050) sob a ótica de como os ambientes devem ser projetados para atender às mais diversas necessidades. Além das modificações físicas, analisamos as demandas de apoio humano, tais como suporte de acessibilidade e formação, serviços e políticas públicas voltadas à tecnologia assistiva.

Indicações culturais

Filmes

INTOCÁVEIS. Direção: Olivier Nakache e Éric Toledano. França: Gaumont, 2011. 112 min.

> Este filme conta a história real de Philippe, um francês tetraplégico rico, e de Driss, um negro imigrante que é contratado como enfermeiro. A película retrata as diferenças sociais e a troca que se estabelece entre eles.

MONSTROS. Direção: Tod Browning. EUA, 1932. 102 min.

Este clássico apresenta pessoas "estranhas" como atrações de um circo. O filme tem várias interpretações históricas, desde cenas cortadas até a análise das alternativas de tratamento das diferentes deficiências.

COISAS de pássaros. Direção: Ralph Eggleston. EUA: Walt Disney Pictures, 2000. 3 min.

Esta animalção de apenas 3 minutos, apresenta pássaros em um fio de luz. O único pássaro diferente é rejeitado pelos demais. O fim da história é verdadeiramente hilário.

Atividades de autoavaliação

1. (Seduc – 2012 – UEPA) O Desenho Universal foi um conceito estabelecido entre os profissionais da área de arquitetura da Universidade da Carolina do Norte, nos EUA, com objetivo de definir projetos, produtos, ambientes e serviços que pudessem ser usados por todos. Assinale a alternativa que se aplica a esse conceito.
   a) Projetos, produtos e ambientes devem ser planejados e comercializados apenas para pessoas deficientes.
   b) Produtos devem apresentar flexibilidade e disponibilidade de uso para atender uma ampla gama de indivíduos.
   c) Ambientes devem ser especificados para uso exclusivo de alguns tipos de pessoas; conforme o uso deve apresentar dimensões diferenciadas.

d) Produtos comunicativos devem ser exclusivos, com o mínimo de adequações, para atender idosos e deficientes com dificuldade de audição.

e) Produtos e serviços devem estar disponibilizados com maior esforço de compreensão e concentração para a recepção por pessoas surdas e cegas.

2. (Fepese – 2015 – Prefeitura Municipal de São José – SC) Relacione as colunas 1 e 2 abaixo de modo que a cada termo corresponda a sua correta definição.

Coluna 1 Termo

1. Tecnologia Assistiva
2. Desenho Universal
3. Comunicação Alternativa e Aumentativa
4. Acessibilidade

Coluna 2 Definição

( ) Área do conhecimento, de característica interdisciplinar, que engloba produtos, recursos, metodologias, estratégias, práticas e serviços que objetivam promover a funcionalidade, relacionada à participação de pessoas com deficiência, incapacidade ou mobilidade reduzida, visando sua autonomia, independência, qualidade de vida e inclusão social.

( ) Possibilidade e condição de alcance para utilização, com segurança e autonomia, dos espaços, mobiliários e equipamentos urbanos, das edificações, dos transportes e dos sistemas e meios de comunicação, por pessoa com deficiência ou com mobilidade reduzida.

( ) Concepção de produtos, ambientes, programas e serviços a serem usados, na maior medida possível, por todas as pessoas, sem necessidade de adaptação ou projeto específico.

( ) Todas as formas de comunicação que possam complementar, suplementar e/ou substituir a fala.

Assinale a alternativa que indica a sequência correta, de cima para baixo.

a) 1 • 4 • 2 • 3
b) 2 • 1 • 4 • 3
c) 3 • 2 • 4 • 1
d) 4 • 2 • 3 • 1
e) 4 • 3 • 1 • 2

3. "Tecnologia Assistiva é uma área do conhecimento [...] que engloba produtos, recursos, metodologias, estratégias, práticas e serviços que objetivam promover a funcionalidade, relacionada à atividade e participação de pessoas com deficiência, incapacidades ou mobilidade reduzida, visando sua autonomia, independência, qualidade de vida e inclusão social" (Brasil, 2007d). A área do conhecimento que engloba a tecnologia assistiva tem qual característica?

a) Disciplinar.
b) Interdisciplinar.
c) Assistiva.
d) Assistencialista.
e) Educativa.

4. A educação especial em uma perspectiva inclusiva possibilita que o aluno com deficiência atinja quais objetivos?
   a) Os objetivos da educação geral.
   b) Os objetivos esperados pela família.
   c) Os objetivos previstos para os alunos com dificuldades de aprendizagem.
   d) Os objetivos definidos para os alunos com necessidades educacionais especiais.
   e) Os objetivos estabelecidos pelos pais e professores em conversa sobre o caso particular do aluno.

5. Assinale a alternativa que contém a definição de *tecnologia assistiva*:
   a) Tecnologias que envolvem computadores ou artifícios sofisticados.
   b) Processos, métodos, técnicas e ferramentas relativos à arte, indústria, educação.
   c) Conhecimento técnico e científico e suas aplicações a um campo particular.
   d) Área do conhecimento que envolve produtos, recursos, metodologias, estratégias, práticas e serviços e que tem como objetivo a promoção da autonomia de seus usuários.
   e) Área da ciência que desenvolve *softwares* e *hardwares* para pessoas com habilidades reduzidas.

Atividades de aprendizagem

Questões para reflexão

1. Analise uma das normas da ABNT de acessibilidade e pesquise se ela vem sendo cumprida na cidade onde você mora. Discuta com seus pares sobre esse assunto e reflita sobre uma forma de tornar pública essa necessidade.

2. Em sua opinião, o quanto ainda falta para que a real acessibilidade seja realizada e o que deve ser feito para isso?

Atividades aplicadas: prática

1. Pesquise em sua cidade quais são os recursos da tecnologia assistiva disponibilizados para a população local e como se dá esse acesso. Em seguida, elabore um pequeno texto a respeito dessa temática e discuta-o com seus pares, na intenção de identificar como tais recursos estão sendo oferecidos aos usuários considerando diferentes localidades.

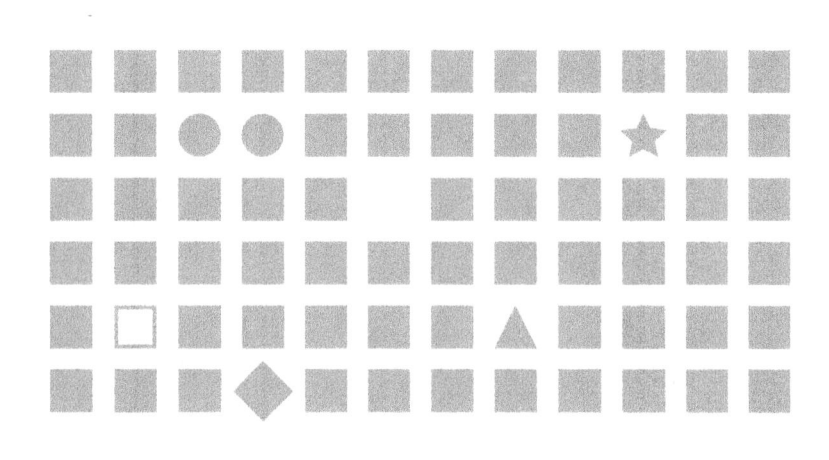

Capítulo 6
Uso da informática no desenvolvimento de talentos e adaptações de *software*

A informática está presente no cotidiano de todos e seu uso ocorre de diversas maneiras. Assim, é importante conhecer as diferentes formas de utilizá-la, principalmente quando ela se volta ao desenvolvimento de talentos e às adaptações de *software*. Por essa razão, neste capítulo, identificaremos as demandas de tecnologia assistiva relacionadas ao computador e também descreveremos os recursos de *hardware* e *software* para a educação especial. Além disso, trataremos do uso de ambientes computacionais e telemáticos adaptados, categorizaremos *softwares* educativos para alunos da educação especial e estimaremos as novas tecnologias relacionadas à educação especial.

6.1 Demandas de tecnologia assistiva relacionadas ao computador

Relacionar a tecnologia assistiva ao uso do computador é relevante, visto que há uma massificação do acesso aos recursos tecnológicos e a geração atual vive em um contexto altamente informatizado. Como ferramenta para a construção de conhecimento, não há dúvidas da riqueza de informações disponibilizadas pela internet.

É interessante considerar que há diferentes aprendizagens relacionadas à manipulação do computador, as quais exigem uma construção intelectual voltada para o sistema de rede muito semelhante aos processos cognitivos de elaboração do pensamento. Assim, podemos explorar o uso do computador de acordo com as demandas de alunos que utilizam a tecnologia assistiva.

O computador e seus recursos precisam ser adaptados para diferentes atendimentos, por meio do uso de simuladores de teclados e *mouses*, ampliadores de telas e lupas virtuais, leitores de tela e preditores de textos.

Para alunos com deficiência auditiva, o computador deve disponibilizar recursos tanto em língua portuguesa quanto em Libras, além de estabelecer a relação entre essas duas línguas. Há vários programas que já contemplam esse processo.

Alunos com deficiência visual devem ter à disposição programas com sintetizadores de voz, os quais aumentam as possibilidades de acesso e contato com outros usuários.

Os jogos, além de serem recursos atrativos, oferecem processos de simulação de conceitos científicos, bem como o uso de raciocínio lógico-matemático e linguístico apurado.

Para alunos com mobilidade reduzida, o uso do computador amplia as possibilidades de comunicação, escrita e acesso de informações de maneira mais fácil e rápida, dando maior autonomia ao usuário.

Aos alunos com altas habilidades/superdotação, a ferramenta computacional cria um campo de pesquisa e ampliação de conhecimentos ilimitado, dando suporte para os desafios intelectuais dessa categoria.

Dessa maneira, é perceptível a comunhão entre o computador (incluindo equipamentos e tecnologias correlatas) e seus derivados com a tecnologia assistiva, visto que ambos possibilitam maior mobilidade, interação, aprendizagem e autonomia aos alunos da educação especial.

6.1.1 Recursos tecnológicos

Na área da informática, vários são os recursos disponibilizados para auxiliar os alunos com algum tipo de deficiência. Apresentamos alguns desses recursos a seguir[1]:

- **VLibras** – *Software* que faz a tradução da língua portuguesa para a língua brasileira de sinais. Está disponível gratuitamente como aplicativo nos sistemas Android e iOS, como extensão para os navegadores Google Chrome, Safari e Firefox, e como programa para Windows e Linux.
- **WikiLibras** – Oferece ferramentas que ampliam as possibilidades de acesso das pessoas com deficiência auditiva ao uso dos conteúdos *on-line*. Trata-se de um recurso público disponível gratuitamente para *download* no Portal do Software Público Brasileiro (SPB)[2].
- **Hand Talk** (em português, "Mãos que falam") – Ferramenta gratuita desenvolvida para a conversão de áudios e textos fotografados para a linguagem de sinais, para Android e iOS.
- **ProDeaf Móvel** – Aplicativo público que faz a tradução de frases curtas de Libras para português e vice-versa. Assim como ele, o **Suíte VLibras** traduz textos e vídeos. Eles podem ser baixados gratuitamente no Portal do Software Público Brasileiro (SPB).

---

1   No final do capítulo, na seção Indicações culturais, sugerimos a leitura de uma postagem de *blog* em que se faz uma lista de nomes de programas para alunos com deficiência visual.
2   O Portal do Software Público Brasileiro está disponível no seguinte endereço eletrônico: <https://softwarepublico.gov.br/social>. Acesso em: 3 out. 2019.

- **Rybená Web** – Outra ferramenta de tecnologia assistiva utilizada para traduzir textos do português para Libras e também em voz, oferecendo aos surdos a possibilidade do entendimento de páginas da internet. Ela também pode ser utilizado por deficientes visuais, pessoas com deficiências intelectuais, analfabetos funcionais, idosos, disléxicos e pessoas com dificuldades de leitura e compreensão de textos.
- **TLibras** (Figura 6.1) – Tradutor automatizado da língua portuguesa para a Libras, por meio de sinais animados apresentados no computador. Tem como objetivo ser utilizado nas televisões digitais em salas de aula (para substituir as legendas), na internet ou até na construção de livros visuais (visualizados no computador).

Figura 6.1 – TLibras

- **Torpedo Rybená** – Conversor de texto *on-line* que permite a troca de mensagens por dispositivo móvel (como o celular) usando a Libras.

6.2 Recursos de *hardwares* e *softwares* para a educação especial

Como você provavelmente já sabe, os componentes mecânicos, elétricos e eletrônicos que constituem o computador são denominados *hardwares*. É neles que os usuários tocam quando usam o computador. Já os *softwares* se referem aos programas e procedimentos, isto é, à parte lógica. Ambos têm o potencial de ensinar os alunos incluindo-os socialmente.

Existem *hardwares* e *softwares* de uso pessoal e escolar desenvolvidos para os alunos com deficiência. Alguns foram criados para alunos com sérios comprometimentos, tanto sensoriais quanto motores ou ambos, como já apresentado ao longo desta obra.

Os sistemas de controle de ambiente também fazem parte dos recursos tecnológicos de auxílio às pessoas com comprometimento motor e sensorial. São desenvolvidos para facilitar atividades comuns, como ligar e desligar sistemas de segurança, eletrodomésticos e aparelhos eletrônicos, abrir e fechar janelas e portas etc.

Os *softwares* podem ser classificados nos seguintes grupos:

- **Tutoriais** – São *softwares* que funcionam como tutores do aluno, ensinando lições, fazendo indicações e apontando caminhos. Permitem a organização da informação com intencionalidade pedagógica definida pelo professor. De acordo com José Armando Valente (2002), a organização da informação resulta de uma sequência particular. Assim, a informação é apresentada ao estudante seguindo-se essa ordem ou, ainda, o aprendiz pode escolher a informação que desejar. Há uma preocupação em transmitir informações pedagogicamente organizadas, como se fosse um livro animado ou um professor eletrônico com a função de promover uma instrução programada.

- **Jogos** – São bem aceitos e ensinam conceitos, modos e procedimentos, direta ou indiretamente, de forma lúdica.
- **Jogos educacionais** – Têm cunho pedagógico e apresentam um objetivo claro e um conteúdo específico a ser trabalhado. São elaborados com base em conceitos a serem aprendidos.
- **Simuladores** – Reproduzem situações reais no ambiente virtual e ajudam a aproximar o aluno do conhecimento do mundo real. Como o próprio nome sugere, eles simulam eventos semelhantes aos reais e permitem que o computador reproduza fenômenos visuais e auditivos com qualidade e realismo.
- **Aplicativos** – De uso abrangente, podem ser adaptados para usos específicos, como edição de textos e gráficos, planilhas eletrônicas e gerenciadores de bancos de dados, entre outros.
- **Programações** – Criam programas e ajudam na busca de solução para problemas específicos.
- *Softwares* **de autoria** – São aqueles que podem ser criados pelos alunos, para responder à curiosidade ou por necessidade pessoal.
- **Comunicações** – Possibilitam a comunicação entre redes, telefones e outros similares, auxiliando no processo comunicativo.

Valente (2002) acrescenta a seguinte classificação aos *softwares* educativos:

- **Exercícios e práticas** – Interagem com o aluno sobre determinado conteúdo. Apresentam, em formato de livro eletrônico, exercícios e lições a serem resolvidas pelos alunos, para que realizem atividades que serão avaliadas pelo próprio computador. Em outras palavras, trata-se de uma versão eletrônica para os exercícios de sala de aula.
- **Enciclopédias eletrônicas** – Disponibilizam informações para consulta das mais variadas áreas. São abrangentes e fáceis de consultar, porém, nem sempre são confiáveis.
- **Modelagens** – De acordo com o autor:

    Um determinado fenômeno pode ser simulado no computador, bastando para isso que um modelo desse fenômeno seja implementado na máquina. Ao usuário da simulação, cabe a alteração de certos parâmetros e a observação do comportamento do fenômeno, de acordo com os valores atribuídos. Na modelagem, o modelo do fenômeno é criado pelo aprendiz, que utiliza recursos de um sistema computacional para implementá-lo. Uma vez implementado, o aprendiz pode utilizá-lo como se fosse uma simulação. (Valente, 2002, p. 95)

- **Instrutivos** – São construídos com base na ideia de que o aluno é o receptor da mensagem, a qual segue uma sequência de operações previamente definida – da mais fácil à mais complexa.
- **Reveladores** – Criam um ambiente de exploração e descoberta por meio de simulações em ambientes reais, as

quais os alunos avançam na aprendizagem à medida que introduzem dados e descobrem relações de causa e efeito.

É importante salientar que tais divisões somente servem a fins didáticos, bem como que alguns *softwares* podem apresentar características comuns a mais de um item. O importante é sempre estar atento às novidades e saber que há diversas ferramentas gratuitas disponíveis na internet.

6.3 Uso de ambientes computacionais e telemáticos: adaptação e acessibilidade ao sistema operacional[3]

Para fazer uso dos sistemas operacionais nos ambientes computacionais e telemáticos, a pessoa com deficiência precisa de adaptadores tanto nos *softwares* quanto nos *hardwares*. Dessa forma, o acesso ao ambiente educativo computacional e telemático deve ser realizado por meio da tecnologia assistiva, que permite igualdade de condições de acesso ao computador e à internet como ferramentas de auxílio no processo de ensino-aprendizagem. Algumas dessas ferramentas são:

- **eViacam** – *Mouse* acionado pelo movimento da cabeça. A entrada da informação no computador é realizada via *webcam* e transformada em um dispositivo de entrada independente das mãos.

---

[3] No final deste capítulo, na seção Indicações culturais, sugerimos a leitura de uma postagem em que são listados *softwares* livres que podem ser utilizados na educação.

- **Head Mouse** – *Mouse* controlado por movimentos da cabeça. É possível configurar diferentes movimentos para o clique.
- **DOSVOX** – Sistema de leitura de tela com voz digital que permite à pessoa com deficiência visual utilizar o computador. Foi desenvolvido pelo Núcleo de Computação Eletrônica da UFRJ (NCE/UFRJ), situado no Centro de Ciências Matemáticas e da Natureza. Por meio dessa ferramenta, o deficiente visual tem acesso a um sistema de computadores que se comunica através de um sintetizador de voz. Com esse sistema, também é possível ampliar a tela para deficientes com visão reduzida.

6.3.1 Recursos do Windows

O sistema operacional Windows oferece algumas configurações que podem auxiliar alunos com necessidades específicas, tais como utilizar o teclado em substituição ao *mouse*, em virtude de dificuldades na coordenação motora. Também é possível modificar os contrastes na tela para facilitar a identificação de letras e a visualização de vídeos, por exemplo, bem como ampliar a visualização da tela.

Há também o Virtual Vision, um aplicativo que auxilia as pessoas com deficiência visual a utilizar diversos programas, como Office, Internet Explorer, entre outros. Ele vasculha os programas e lê para os usuários as informações necessárias para a operacionalização das ferramentas. Não há necessidade de adaptações especiais para o seu uso, pois a interação com o aplicativo é realizada pelo teclado comum, que identifica, por meio da placa de som, as teclas digitadas.

Alguns programas de computador são específicos para a interação entre o aluno com deficiência e o sistema. A seguir, apresentamos alguns deles, acompanhados da respectiva descrição:

- **Comunique** – *Software* voltado para a comunicação alternativa que auxilia o acesso por meio de teclado, *mouse*, *joystick*, toque na tela, sopro, voz e outros.
- **Eugénio, o Gênio das Palavras** – Programa direcionado para a edição de textos e que apresenta sugestões de termos para completá-los.
- **Kit Saci** – Teclado virtual que possibilita a edição de texto. Seu comando pode se dar pela barra de espaços, *mouse* ou similares. O sistema funciona também como calculadora.
- **inVento** – Ferramenta que possibilita a impressão de vários tipos de materiais didáticos, tais como livros, cartazes e *banners*. Acompanha alguns materiais para impressão.
- **Aventuras** – Jogo direcionado para quem tem dislexia ou algum tipo de deficiência intelectual.
- **Pequeno Mozart** – Programa que possibilita a criação de músicas por meio do uso de diversos instrumentos musicais digitais.
- **Desafios da Língua Portuguesa** – *Software* de exercícios para ajudar na leitura e escrita de iniciantes.
- **Tobias, o Palhaço** – Programa que ajuda no trabalho com formas, cores, figuras e padrões. Também apresenta a possibilidade de ensinar planejamento de percursos, antecipação e previsão de resultados, além de orientação espacial e lógica, entre outros.

- **Já está** – Programa que auxilia no desenvolvimento cognitivo, no estudo de diferentes situações e no tratamento de informações.
- **Boardmaker** – Ferramenta com mais de 500 símbolos pictográficos utilizados para a comunicação aumentativa.
- **O Patinho Amarelo** – Programa que oferece imagens e sons para ajudar no trabalho com causa-efeito
- **Abracadabra** – Ferramenta que trabalha com a relação de causa-efeito por meio de pressões na manipulação. Apresenta graus de dificuldade e animação.
- **Mimocas** – Programa de treino de causa-efeito.
- **Magic Keyboard** – Ferramenta com teclado virtual, escrita inteligente e reconhecimento de voz que auxilia na comunicação aumentativa.
- **Tux Paint** – Programa que apresenta desenhos e pinturas com diferentes graus de dificuldade, para atender às diversas fases das crianças. Conta com diversas ferramentas que incentivam a criatividade e é sonorizado. Seu acesso é livre.
- **Rubber Stamps, Qtmdemo, Globus** – Programas cuja funcionalidade possibilita alterações de acordo com a necessidade do aluno.

6.4 *Softwares* educativos para alunos da educação especial

Alguns *softwares* educacionais de apoio ao ensino de deficientes intelectuais e autistas, elaborados pela Universidade de Brasília (UnB) para o Projeto Participar (2019), estão disponibilizados gratuitamente na internet. São eles:

- **Expressar** – Auxilia na identificação de expressões faciais.
- **Perceber** – Ajuda na percepção visual, propondo emparelhamento de objetos, seriação e leitura global.
- **Aproximar** – Refere-se a gestos sociais e conta com sensor de movimento.
- **Ambientar** – Serve para que o aluno aprenda a organizar objetos e espaços.
- **Participar** – Envolve eletrização e possibilita a comunicação via computador.
- **Participar 2** – Amplia a comunicação alternativa via computador.
- **Somar** – Propõe atividades da matemática, faz uso de cédulas monetárias e relógio digital etc.
- **Atividades de vida** – Auxilia no autocuidado de jovens e adultos deficientes intelectuais.
- **Organizar** – Serve para o gerenciamento do tempo e para a compreensão das estações climáticas

O Centro de Engenharia de Reabilitação e Acessibilidade de Portugal (Certic) desenvolveu o Kit Necessidades Especiais (2019a; 2019b), que disponibiliza vários programas voltados para pessoas com necessidades especiais. Os aplicativos não têm custo e estão disponíveis na internet. Listamos alguns deles a seguir:

- **HagáQuê** – *Software* educativo "de apoio à alfabetização e ao domínio da linguagem escrita. Trata-se de um editor de histórias em banda desenhada (BD) com um banco de imagens com os diversos componentes para a construção de uma BD (cenário, personagens, etc) e vários recursos

de edição destas imagens" (Kit…, 2019b). Além disso, o programa conta com um recurso extra: o som, "oferecido para enriquecer a BD criada no computador" (Kit…, 2019b).
- **CobPaint** – Programa simples usado na educação especial com crianças que não são capazes de utilizar o Paint ou outros *softwares* de desenho. "Possui uma interface amigável, botões grandes e um estojo de ferramentas básicas: três lápis, dois baldes de cores, uma borracha e cinco opções de cores. O programa guarda as imagens automaticamente na pasta do programa (colbpaint), sem necessitar que o utilizador lhe dê um nome" (Kit…, 2019b).
- **Globus** – "programa que faz uma representação gráfica no ecrã da voz emitida num microfone. Útil para estimular a fala" (Kit…, 2019b).
- **Text Aloud** – Programa para a adição de textos de *e-mail*, *web pages* e documentos que permite sintetizar e gravar a fala a partir de textos. "Pode ser utilizado como auxiliar de leitura de textos, correio electrónico, páginas web, livros em formato digitais etc., por pessoas com deficiência visual, mental ou dislexia ou como ferramenta de comunicação aumentativa, por parte de pessoas com dificuldades de comunicação verbal" (Kit…, 2019b). Os textos podem ser ouvidos em tempo real ou gravados para arquivos WAV ou MP3.
- **Língua Gestual** – "Dicionário da Língua Gestual Portuguesa, Enciclopédia da Língua Gestual Portuguesa e histórias online para crianças do 1º ciclo do ensino básico" (Kit…, 2019b).

- **Falador** – "Programa que lê os textos em português e apresenta, simultaneamente no ecrã, a imagem dos lábios a movimentarem-se. Pode ser utilizado para estimular a aprendizagem da escrita e da fala" (Kit..., 2019b).
- **Imagina** – "possui uma hierarquia de objectos e comportamentos, processos independentes e paralelos, ferramentas de desenho e animação e uma interface de manipulação direta e alargada" (Kit..., 2019b). O programa, desenvolvido para estudantes, professores, programadores e investigadores, permite: a elaboração de desenhos e animações; o desenvolvimento de aplicações para a internet; a composição e exploração de peças musicais; a utilização de sintetizadores de voz; a construção de ambientes de aprendizagem; a comunicação de ideias; a construção de apresentações; a criação de aplicações multimídia em formato EXE (Kit..., 2019b).
- **Braille Fácil** – Elaborado para facilitar a confecção de documentos impressos em linguagem braille, permitindo que a criação de uma impressão braille seja feita de maneira rápida e fácil, "a tal ponto que esta seja realizada com um mínimo de conhecimento do sistema braille" (Kit..., 2019b). Além disso,

o texto pode ser digitado directamente no Braille Fácil ou importado a partir de um editor de textos convencional. O editor de textos utiliza os mesmos comandos do Bloco de Notas do Windows, com algumas facilidades adicionais. Uma vez digitado, o texto pode ser visualizado em braille e impresso em braille ou em tinta (inclusive a transcrição braille para tinta).

Grande parte da operação do programa é controlada pelo menu principal, através do qual todas as funções são activadas, incluindo os controlos de edição do texto (Kit..., 2019b).

- **Fonte Braille** – "A fonte Braille permite visualizar um texto em Braille em qualquer programa do sistema Windows. Com ele é possível visualizar um texto em braille de forma tão simples como se coloca um texto em negrito ou em itálico" (Kit..., 2019b).
- **Plaphoons** – "Comunicador multimídia dinâmico para comunicação aumentativa. Permite utilizar a combinação de imagens, textos e sons para mensagens da vida diária. Pode ser utilizado para a reabilitação da memória, da fala ou para estimular a aprendizagem da escrita ou de conceitos educativos" (Kit..., 2019a).
- **CobShell** – Programa de comunicação que "possui uma interface de 6 grandes botões que cobrem todo o ecrã. Podem-se configurar os botões de modo a activar um programa e também associar a cada botão uma imagem (.bmp) e um som (.wav)" (Kit..., 2019a).
- **Vamos Pintar** – "Programa para colorir desenhos que permite treinar a utilização do mouse" (KIT PARA NECESSIDADES ESPECIAIS 2008, 2008).

6.5 Novas tecnologias

Não é uma tarefa fácil imaginar como serão as tecnologias do futuro, principalmente na área da tecnologia assistiva. Seria muita pretensão discorrer sobre tal assunto, tendo em vista as diversificadas criações da área que vêm sendo lançadas no mercado com frequência.

Não obstante, é possível conhecer as mais recentes inovações para vislumbrar possibilidades na área tecnológica. Trata-se de avanços que vão além de próteses modernas. Um bom exemplo são os dispositivos de mobilidade robótica (Figura 6.2), os quais possibilitam a um cadeirante ficar em pé, ajudando-o nas atividades corriqueiras.

Figura 6.2 – Dispositivo de mobilidade robótica

O pé inteligente (Figura 6.3), desenvolvido pela empresa Ossur, adapta-se a desníveis do solo, assemelhando-se muito a um pé de verdade. O tornozelo se movimenta de uma forma que a pessoa não precisa levantar a perna além do necessário. Essa tecnologia possibilita o uso de diferentes sapatos com saltos.

Figura 6.3 – Pé inteligente

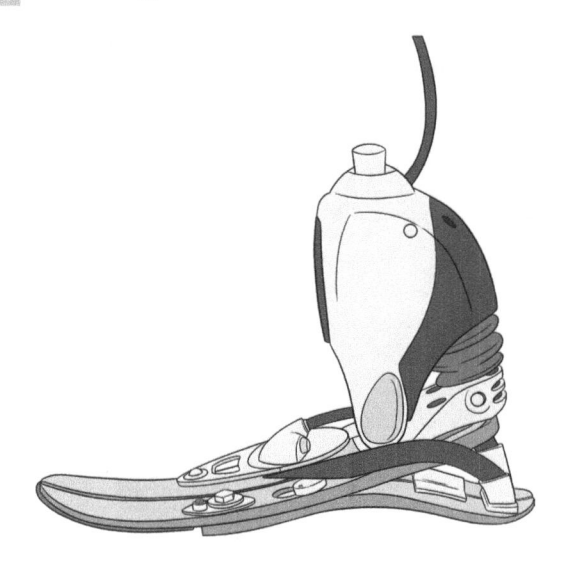

A Figura 6.4 mostra uma prótese de joelho com *bluetooth*, para realizar ajustes e medições por computador, apresentando um melhor sistema para o controle e estudo do paciente. Essa prótese facilita a caminhada, a subida ou a descida de escadas e rampas e, também, o pulo.

Figura 6.4 – Prótese com *bluetooth*

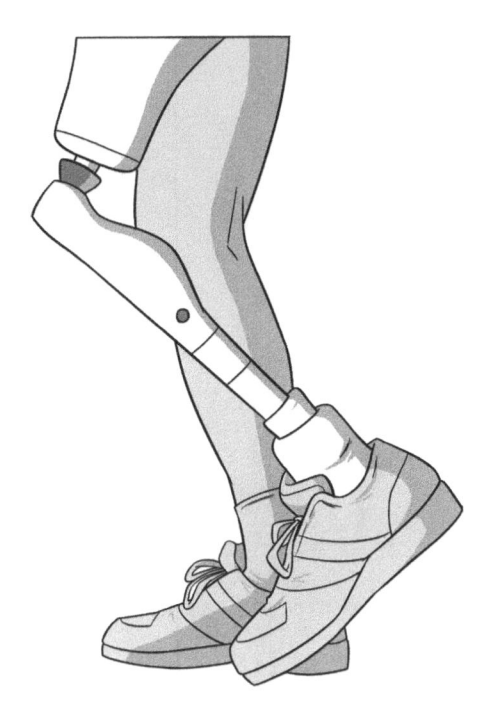

Pesquisas da Universidade Estadual de Londrina (UEL) resultaram em um princípio de controle da movimentação da cadeira de rodas movida a sopros e sucções (Figura 6.5), possibilitando mais autonomia ao usuário que tem restrições mais severas.

Figura 6.5 – Cadeira de rodas movida por sopro ou sucção

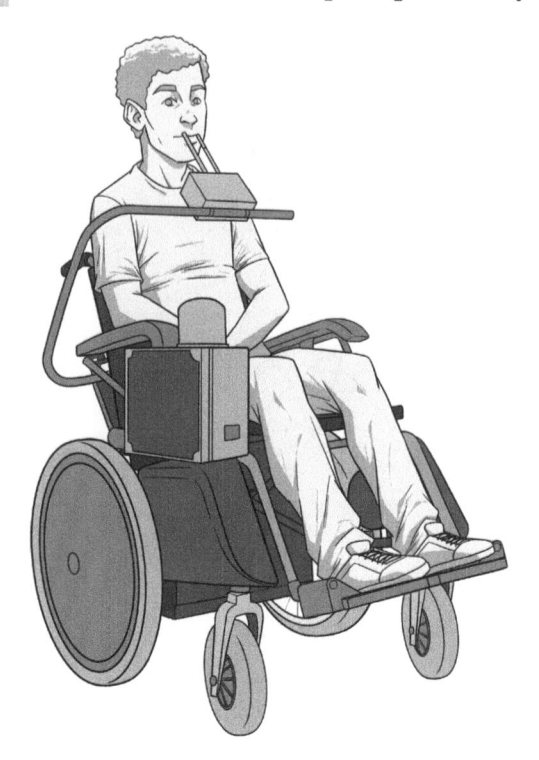

O neurocientista brasileiro Miguel Nicolelis encabeça estudos sobre dispositivos robóticos controlados pelo cérebro, os quais comandam um traje robótico capaz de sustentar o peso da pessoa com paralisia ou com lesões na medula espinhal, possibilitando, dessa forma, que ela se locomova. Na Figura 6.6 há um exemplo de um desses dispositivos: um exoesqueleto.

Figura 6.6 – Exoesqueleto para pessoas com paralisia ou lesões na medula espinhal

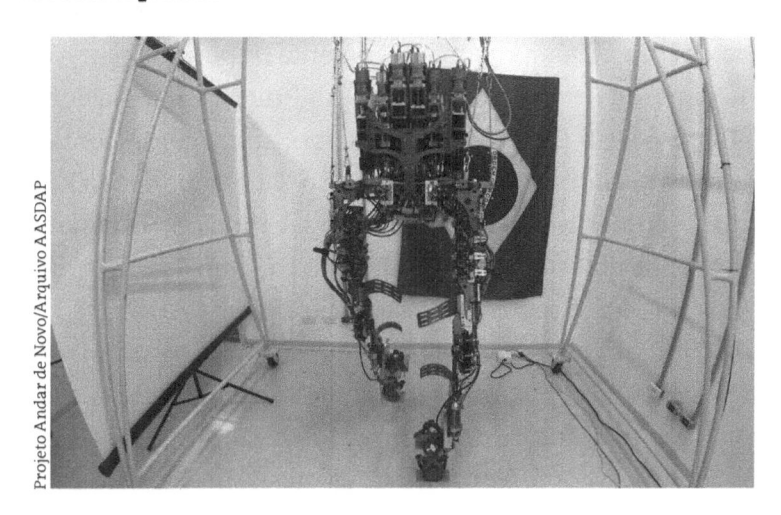

O laboratório do Massachusetts Institute of Technology (MIT) desenvolveu um dispositivo parecido com um anel de leitura, capaz de ler e repetir, por meio de áudio, as palavras de um texto. Uma pequena câmera lê o texto e o narra em voz alta ao usuário.

Figura 6.7 – Anel de leitura

Síntese

Neste capítulo, discutimos as demandas de tecnologia assistiva relacionadas ao computador, ferramenta importantíssima no fornecimento de ajudas técnicas aos alunos com deficiência, pois suas possibilidades são infinitas e, atualmente, contam com uma grande facilidade de acesso. Ousamos apresentar alguns recursos tecnológicos, mesmo sabendo de sua possível e presumida defasagem, visto que o movimento das inovações, felizmente, é indiscutível e necessário.

Além disso, expusemos as adaptações e acessibilidades aos recursos de *hardware* e *software* para a educação especial, bem como a forma de participação dos alunos nas atividades. Classificamos alguns *softwares*, apresentamos algumas ferramentas educativas e finalizamos ilustrando algumas das consideradas novas tecnologias.

Indicações culturais

Filmes

A TEORIA de tudo. Direção: James Marsh. Reino Unido: Universal. 2014. 123 min.

> Este filme é uma sensível narrativa sobre o relacionamento do famoso físico Stephen Hawking (portador da doença de Hawking e esclerose lateral amiotrófica) com sua esposa, Jane.

AUTISMO: o musical. Direção: Tricia Regan. EUA: HBO, 2007. 93 min.

> Este documentário foi elaborado por Elaine Hall, mãe de uma criança autista. Ele apresenta um musical realizado por crianças com autismo, num trabalho resultante do Projeto Miracle.

BLACK. Direção: Sanjay Leela Bhansali. **Índia**: Yash Raj Films, 2005. 124 min.

> O filme conta a história de Michelle, uma criança que ficou surda e cega e, por isso, incapaz de se comunicar. Seus pais tiveram outra filha "normal", o que alargou as diferenças entre as meninas. A menina com deficiência só passou a receber uma boa educação depois de os pais terem contratado uma professora para tal.

Livro

GIROTO, C. R. M.; POKER, R. B.; OMOTE, S. (Org.). **As tecnologias nas práticas pedagógicas inclusivas**. Marília: Oficina Universitária; São Paulo: Cultura Acadêmica, 2012. Disponível em: <http://www.marilia.unesp.br/Home/Publicacoes/as-tecnologias-nas-praticas_e-book.pdf>. Acesso em: 22 abr. 2019.

> Este livro apresenta as tecnologias de informação e comunicação (TICs) como ferramentas de acesso inesgotável que podem apresentar conteúdos diversos para toda a diversidade de pessoas.

Blog

SOFTWARE LIVRE NA EDUCAÇÃO. **Lista de softwares livres educacionais**. 12 mar. 2009. Disponível em: <https://softwarelivrenaeducacao.wordpress.com/softwares-livres-educacionais/>. Acesso em: 3 out. 2019.

> Em uma das postagens feitas no *blog* Software Livre na Educação, são listados diversos *softwares* que podem ser aplicados no trabalho da inclusão. Esses programas são separados por diferentes áreas do conhecimento.

VIVA A INCLUSÃO. **Programas e softwares para deficientes visuais**. 29 jul. 2013. Disponível em: <http://marciaserante.blogspot.com/2013/07/programas-e-softwares-para-deficientes.html>. Acesso em: 3 out. 2019.

> Nessa postagem, encontra-se uma lista de *softwares* específicos para os deficientes visuais. Vale a pena conferir as especificidades de cada um desses programas para analisar qual é o mais adequado para cada objetivo.

Atividades de autoavaliação

1. Considerando-se as características de uma escola inclusiva com uso de recursos de *hardware* e *software* para a educação especial, assinale a alternativa mais adequada:

a) Os agrupamentos por turma devem ser homogêneos e atender ao critério idade, dando oportunidades iguais para todos.
b) O professor não precisa flexibilizar metodologias e conteúdos, uma vez que o aluno receberá reforço escolar na sala de recurso multifuncional.
c) O ensino deve atender às exigências legais, com matrícula em classes especiais da escola inclusiva para todas as crianças com deficiência.
d) O apoio especializado relativo à tecnologia deve ser oferecido em ambiente de sala de aula e em salas de recurso multifuncional.
e) Os pais dos alunos devem providenciar as tecnologias necessárias para que o processo de ensino-aprendizagem seja satisfatório.

2. Os recursos pedagógicos e de acessibilidade colaboram para que as pessoas com deficiência participem ativamente do processo escolar. Nesse sentido, qual é a área de conhecimento e de atuação que desenvolve serviços e recursos que auxiliam na resolução de dificuldades funcionais das pessoas com deficiência?
a) Tecnologia funcionalista de mobilidade e comunicação.
b) Tecnologia assistiva aplicada à educação.
c) Tecnologia educacional de alta resolução.
d) Tecnologia da computação.
e) Tecnologia educacional cognitiva.

3. (Enade – 2011 – Pedagogia) Exclusão digital é um conceito que diz respeito às extensas camadas sociais que ficaram à margem do fenômeno da sociedade da informação e da extensão das redes digitais. O problema da exclusão digital se apresenta como um dos maiores desafios dos dias de hoje, com implicações diretas e indiretas sobre os mais variados aspectos da sociedade contemporânea.

Nessa nova sociedade, o conhecimento é essencial para aumentar a produtividade e a competição global. É fundamental para a invenção, para a inovação e para a geração de riqueza. As tecnologias de informação e comunicação (TICs) proveem uma fundação para a construção e aplicação do conhecimento nos setores públicos e privados. É nesse contexto que se aplica o termo *exclusão digital*, referente à falta de acesso às vantagens e aos benefícios trazidos por essas novas tecnologias, por motivos sociais, econômicos, políticos ou culturais.

Considerando as ideias do texto acima, avalie as afirmações a seguir.

I) Um mapeamento da exclusão digital no Brasil permite aos gestores de políticas públicas escolher o público-alvo de possíveis ações de inclusão digital.
II) O uso das TICs pode cumprir um papel social, ao prover informações àqueles que tiveram esse direito negado ou negligenciado e, portanto, permitir maiores graus de mobilidade social e econômica.
III) O direito à informação diferencia-se dos direitos sociais, uma vez que esses estão focados nas relações entre os

indivíduos e, aqueles, na relação entre o indivíduo e o conhecimento.

IV) O maior problema de acesso digital no Brasil está na deficitária tecnologia existente em território nacional, muito aquém da disponível na maior parte dos países do Primeiro Mundo.

É correto apenas o que se afirma em:

a) I e II.
b) II e IV.
c) III e IV.
d) I, II e III.
e) I, III e IV.

4. (Cespe – 2017 – Prefeitura de São Luís-MA) A respeito de tecnologia assistiva (TA), assinale a opção correta:
   a) No contexto das avaliações, não se deve empregar a TA, para não configurar situação de privilégio para o estudante com deficiência.
   b) Cabe ao profissional habilitado em informática a operacionalização dos recursos da TA.
   c) A TA visa promover a funcionalidade relacionada à atividade e à participação de pessoas com deficiência, incapacidade ou mobilidade reduzida, visando, por exemplo, sua autonomia e inclusão social.
   d) O termo tecnologia assistiva refere-se aos recursos de acessibilidade ao computador, como, por exemplo, teclados programáveis e teclados virtuais, para pessoas com deficiência ou mobilidade reduzida.
   e) O objetivo central da TA é a alfabetização de pessoas com deficiência.

5. (Cespe – 2017 – Prefeitura de São Luís-MA) Acerca da tecnologia assistiva adequada ao atendimento educacional especializado para alunos cegos ou com baixa visão, assinale a opção correta:
   a) O sorobã auxilia o deficiente visual a desenhar mapas e a ampliar esquemas geométricos.
   b) O reglete é um aparelho eletrônico que ajuda o deficiente visual a superar dificuldades de natureza linguística.
   c) Os sintetizadores de voz têm a função de gravar e ampliar o som da voz humana como meio de facilitar a leitura labial.
   d) Lupas eletrônicas, impressoras braille e *scanners* de mesa são *softwares* que permitem a ampliação de textos.
   e) A punção e a máquina braille são recursos que auxiliam o deficiente visual na produção de textos escritos.

Atividades de aprendizagem

Questões para reflexão

1. Reflita sobre a relação entre a informática e seu uso na tecnologia assitiva. Como se dá essa relação? Ela é satisfatória para os alunos com algum tipo de deficiência? O que poderia ser melhorado para facilitar o aprendizado voltado à inclusão dos alunos deficientes?

2. Pense sobre a possiblidade de simulação (conforme apresentado neste capítulo) e considere como ela pode ajudar os alunos da educação especial, principalmente aqueles que têm poucas possibilidades de acesso aos sistemas voltados

para a educação. Explique como o ambiente computacional e telemático pode contribuir para garantir a adaptação e a acessibilidade dos alunos da educação especial.

Atividade aplicada: prática

1. Faça uma pesquisa na internet sobre as inovações na área da tecnologia assistiva. Compare os recursos apresentados neste capítulo e as inovações examinadas analisando os avanços realizados pela ciência. Elabore um texto expondo suas conclusões e, na sequência, discuta com seus pares a respeito desse assunto.

Considerações finais

Chegamos ao final desta obra, mas não encerramos o assunto, tampouco o estudo e a pesquisa que o envolvem. Esperamos ter mostrado que a tecnologia assistiva está em constante busca por novos métodos, recursos e incrementos, acompanhados ou não da tecnologia digital. Por isso, precisamos sempre nos lembrar da necessidade da inclusão.

Nesta obra, tivemos a oportunidade de analisar o papel social da escola e sua relação direta com a inclusão – para a qual a tecnologia assistiva é tão importante. Da mesma forma, discutimos o atendimento educacional especializado e suas determinações legais, sempre voltadas à busca da real inclusão dos alunos.

Como não poderia deixar de acontecer, neste livro apresentamos o conceito de tecnologia assistiva, sua terminologia, o embasamento legal que a sustenta, além das categorias, dos objetivos, das classificações e subdivisões internacionais a ela atreladas. Ainda, fizemos a apresentação de recursos resultantes da utilização da tecnologia assistiva.

Também expusemos a mediação dos processos inclusivos na busca de melhores condições de vida com vistas a uma maior autonomia para as pessoas com necessidades especiais. Para isso, o conhecimento da classificação internacional de deficiência foi apresentado, a fim de se expor as categoriais postas socialmente e que possibilitam a relação entre a tecnologia assistiva e a acessibilidade em seu entendimento amplo.

Para completar a visão do uso da tecnologia assistiva, elucidamos as concessões e aquisições dessa área, bem como os planos atuais que dão suporte à sua execução. Nesse sentido, apresentamos alguns produtos de tecnologia assistiva relacionados ou não às tecnologias de informação.

Com efeito, explicamos o que se entende por desenho universal e quais são seus princípios, que se revelam significativos para a inclusão e a necessidade relacionada às normas técnicas que subsidiam o emprego da tecnologia assistiva de forma mais eficiente, para atender às mais diversas necessidades.

As demandas da tecnologia assistiva possibilitadas pelo uso do computador foram discutidas, a fim de demonstrar que elas são fundamentais para o desenvolvimento de recursos voltados ao auxílio das pessoas com necessidades especiais, em um movimento constante e cada vez mais evolutivo.

Assim, ao fim desta obra, não restam dúvidas de que a tecnologia assistiva tende a aumentar e ampliar seus serviços, seus atendimentos e suas disponibilidades. Cabe aos professores sempre buscar as novidades ofertadas e, principalmente, divulgar entre seus pares as descobertas, criações e achados desse universo tão amplo e importante para a inclusão dos alunos com necessidades especiais. Assim, o papel dos docentes e dos demais cidadãos é agir para construir uma sociedade melhorada, transformada e que veja todas as diferenças como características que tornam cada um um ser único.

Referências

ABNT – Associação Brasileira de Normas Técnicas. **NBR 9050**: acessibilidade a edificação, mobiliário, espaços e equipamentos urbanos. Rio de Janeiro, 2015.

AMORIM, A. et al. Conceituação e estudo de normas. In: BRASIL. Presidência da República. Secretaria Especial dos Direitos Humanos. Subsecretaria Nacional de Promoção dos Direitos da Pessoa com Deficiência. Comitê de Ajudas Técnicas. **Tecnologia assistiva**. Brasília, 2009a. p. 13-39.

ASSIS, C. P. de; ALMEIDA, M. A. Um estudo bibliográfico sobre as tecnologias assistivas: propostas para alunos com deficiência física. In: ENCONTRO DA ASSOCIAÇÃO BRASILEIRA DE PESQUISADORES EM EDUCAÇÃO ESPECIAL, 7., Londrina, 2011, p. 1771-1779. **Anais...** Londrina: UEL, 2011. Disponível em: <http://www.uel.br/eventos/congressomultidisciplinar/pages/arquivos/anais/2011/SERVICO/166-2011.pdf>. Acesso em: 6 set. 2019.

BERSCH, R. **Introdução à tecnologia assistiva**. Porto Alegre, p. 1-20, 2017. Disponível em: <http://www.assistiva.com.br/Introducao_Tecnologia_Assistiva.pdf>. Acesso em: 31 jul. 2019.

_____. **Recursos pedagógicos acessíveis**: tecnologia assistiva (TA) e processo de avaliação nas escolas. 2013. Disponível em: <http://www.assistiva.com.br/Recursos_Ped_Acessiveis_Avaliacao_ABR2013.pdf>. Acesso em: 30 set. 2019.

BRASIL. ANATEL – Agência Nacional de Telecomunicações. Portaria n. 263, de 27 de abril de 2006. **Diário Oficial da União**, Brasília, DF,

28 abr. 2006a. Disponível em: <http://www.anatel.gov.br/Portal/verificaDocumentos/documento.asp?numeroPublicacao=203480&assuntoPublicacao=null&filtro=1&documentoPath=203480.pdff>. Acesso em: 21 abr. 2019.

BRASIL. Constituição (1967). **Diário Oficial da União**, Brasília, 24 jan. 1967.

_____. Constituição (1988). **Diário Oficial da União**, Brasília, DF, 5 out. 1988. Disponível em: <http://www.planalto.gov.br/ccivil_03/constituicao/constituicao.htm>. Acesso em: 26 jul. 2019.

_____. Decreto n. 129, de 22 de maio de 1991. **Diário Oficial da União**, Poder Executivo, Brasília, DF, 23 maio 1991a. Disponível em: <http://www.planalto.gov.br/ccivil_03/decreto/1990-1994/D0129.htm>. Acesso em: 30 jul. 2019.

_____. Decreto n. 1.744, de 8 de dezembro de 1995. **Diário Oficial da União**, Poder Executivo, Brasília, DF, 11 dez. 1995a. Disponível em: <http://www.planalto.gov.br/ccivil_03/decreto/Antigos/D1744.htm>. Acesso em: 2 out. 2019.

_____. Decreto n. 3.298, de 20 de dezembro de 1999. **Diário Oficial da União**, Poder Executivo, Brasília, DF, 21 dez. 1999a. Disponível em: <http://www.planalto.gov.br/ccivil_03/decreto/d3298.htm>. Acesso em: 30 jul. 2019.

_____. Decreto n. 3.691, de 19 de dezembro de 2000. **Diário Oficial da União**, Poder Executivo, Brasília, DF, 20 dez. 2000a. Disponível em: <http://www.planalto.gov.br/ccivil_03/decreto/d3691.htm>. Acesso em: 30 jul. 2019.

_____. Decreto n. 3.956, de 8 de outubro de 2001. Diário Oficial da União, Poder Executivo, Brasília, DF, 9 out. 2001a. Disponível em: <http://www.planalto.gov.br/ccivil_03/decreto/2001/D3956.htm>. Acesso em: 21 out. 2019.

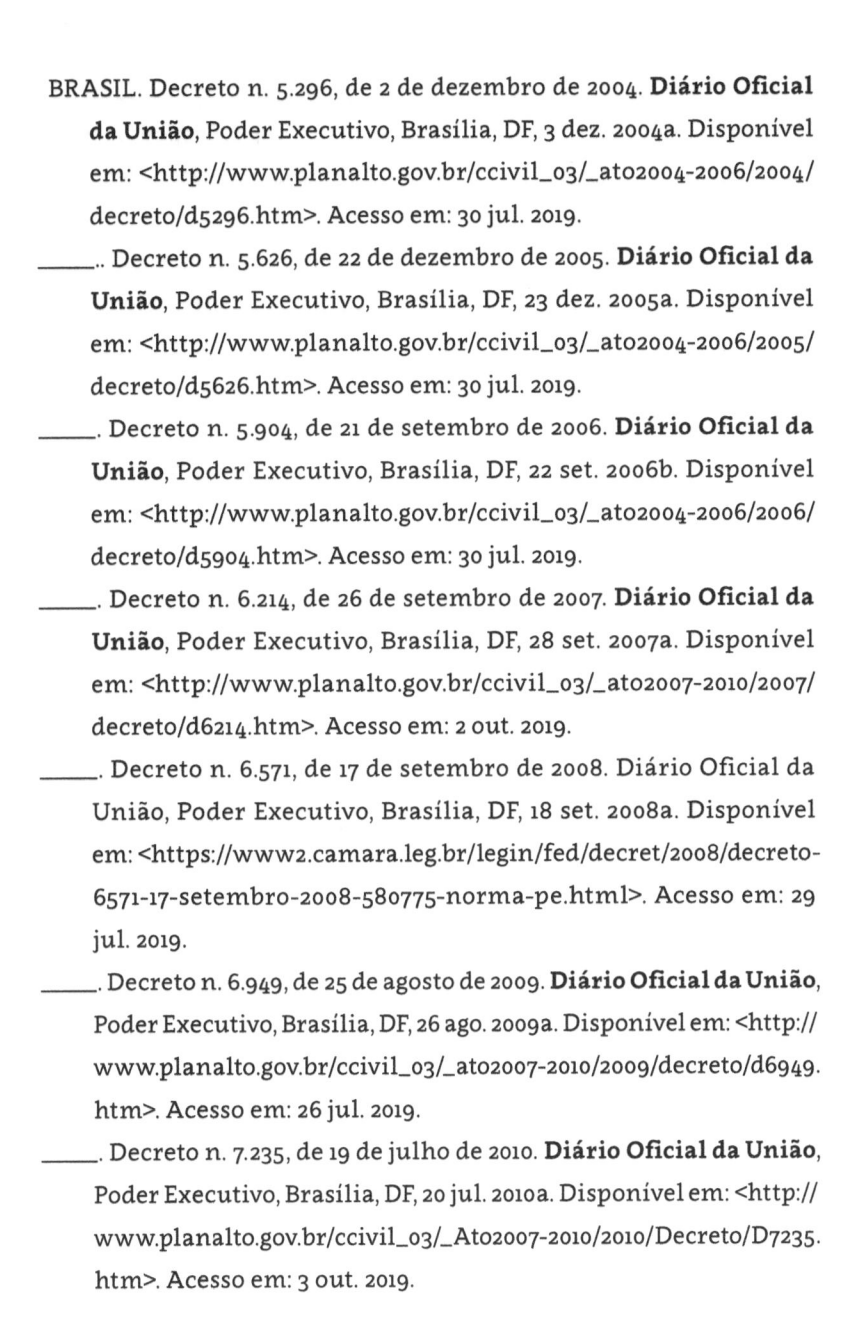

BRASIL. Decreto n. 5.296, de 2 de dezembro de 2004. **Diário Oficial da União**, Poder Executivo, Brasília, DF, 3 dez. 2004a. Disponível em: <http://www.planalto.gov.br/ccivil_03/_ato2004-2006/2004/decreto/d5296.htm>. Acesso em: 30 jul. 2019.

_____.. Decreto n. 5.626, de 22 de dezembro de 2005. **Diário Oficial da União**, Poder Executivo, Brasília, DF, 23 dez. 2005a. Disponível em: <http://www.planalto.gov.br/ccivil_03/_ato2004-2006/2005/decreto/d5626.htm>. Acesso em: 30 jul. 2019.

_____. Decreto n. 5.904, de 21 de setembro de 2006. **Diário Oficial da União**, Poder Executivo, Brasília, DF, 22 set. 2006b. Disponível em: <http://www.planalto.gov.br/ccivil_03/_ato2004-2006/2006/decreto/d5904.htm>. Acesso em: 30 jul. 2019.

_____. Decreto n. 6.214, de 26 de setembro de 2007. **Diário Oficial da União**, Poder Executivo, Brasília, DF, 28 set. 2007a. Disponível em: <http://www.planalto.gov.br/ccivil_03/_ato2007-2010/2007/decreto/d6214.htm>. Acesso em: 2 out. 2019.

_____. Decreto n. 6.571, de 17 de setembro de 2008. **Diário Oficial da União**, Poder Executivo, Brasília, DF, 18 set. 2008a. Disponível em: <https://www2.camara.leg.br/legin/fed/decret/2008/decreto-6571-17-setembro-2008-580775-norma-pe.html>. Acesso em: 29 jul. 2019.

_____. Decreto n. 6.949, de 25 de agosto de 2009. **Diário Oficial da União**, Poder Executivo, Brasília, DF, 26 ago. 2009a. Disponível em: <http://www.planalto.gov.br/ccivil_03/_ato2007-2010/2009/decreto/d6949.htm>. Acesso em: 26 jul. 2019.

_____. Decreto n. 7.235, de 19 de julho de 2010. **Diário Oficial da União**, Poder Executivo, Brasília, DF, 20 jul. 2010a. Disponível em: <http://www.planalto.gov.br/ccivil_03/_Ato2007-2010/2010/Decreto/D7235.htm>. Acesso em: 3 out. 2019.

BRASIL. Decreto n. 7.611, de 17 de novembro de 2011. **Diário Oficial da União**, Poder Executivo, Brasília, DF, 18 nov. 2011a. Disponível em: <http://www.planalto.gov.br/ccivil_03/_ato2011-2014/2011/decreto/d7611.htm>. Acesso em: 29 jul. 2019.

_____. Decreto n. 7.612, de 17 de novembro de 2011. **Diário Oficial da União**, Poder Executivo, Brasília, DF, 18 nov. 2011b. Disponível em: <http://www.planalto.gov.br/ccivil_03/_ato2011-2014/2011/decreto/d7612.htm>. Acesso em: 6 set. 2019.

_____. Decreto n. 8.145, de 3 de dezembro de 2013. **Diário Oficial da União**, Poder Executivo, Brasília, DF, 3 dez. 2013a. Disponível em: <http://www.planalto.gov.br/ccivil_03/_Ato2011-2014/2013/Decreto/D8145.htm>. Acesso em: 3 out. 2019.

_____. Decreto n. 8.954, de 10 de janeiro de 2017. **Diário Oficial da União**, Poder Executivo, Brasília, DF, 11 jan. 2017. Disponível em: <http://www.planalto.gov.br/ccivil_03/_ato2015-2018/2017/decreto/D8954.htm>. Acesso em: 30 jul. 2019.

_____. Decreto n. 72.425, de 3 de julho de 1973. **Diário Oficial da União**, Poder Executivo, Brasília, DF, 4 jul. 1973. Disponível em: <https://www2.camara.leg.br/legin/fed/decret/1970-1979/decreto-72425-3-julho-1973-420888-publicacaooriginal-1-pe.html>. Acesso em: 2 out. 2019.

_____. Lei n. 566, de 21 de dezembro de 1948. **Diário Oficial da União**, Poder Legislativo, Rio de Janeiro, 23 dez. 1948. Disponível em: <https://www2.camara.leg.br/legin/fed/lei/1940-1949/lei-566-21-dezembro-1948-345113-publicacaooriginal-1-pl.html>. Acesso em: 2 out. 2019.

_____. Lei n. 909, de 8 de novembro de 1949. **Diário Oficial da União**, Poder Legislativo, Rio de Janeiro, 17 nov. 1949.

Disponível em: <https://www.diariodasleis.com.br/legislacao/federal/111431-autoriza-a-emissuo-especial-de-selos-em-benefucio-dos-filhos-sadios-dos-luzaros.html>. Acesso em: 2 out. 2019.

BRASIL. Lei n. 4.024, de 20 de dezembro de 1961. **Diário Oficial da União**, Poder Legislativo, Brasília, DF, 27 dez. 1961. Disponível em: <http://www.planalto.gov.br/ccivil_03/LEIS/L4024.htm>. Acesso em: 2 out. 2019.

_____. Lei n. 4.169, de 4 de dezembro de 1962. **Diário Oficial da União**, Poder Executivo, Brasília, DF, 11 dez. 1962. Disponível em: <http://www.planalto.gov.br/ccivil_03/leis/1950-1969/l4169.htm>. Acesso em: 2 out. 2019.

_____. Lei n. 5.692, de 11 de agosto de 1971. **Diário Oficial da União**, Poder Legislativo, Brasília, DF, 12 ago. 1971. Disponível em: <http://www.planalto.gov.br/ccivil_03/leis/l5692.htm>. Acesso em: 2 out. 2019.

_____. Lei n. 7.405, de 12 de novembro de 1985. **Diário Oficial da União**, Poder Legislativo, Brasília, DF, 13 nov. 1985. Disponível em: <http://www.planalto.gov.br/ccivil_03/LEIS/1980-1988/L7405.htm>. Acesso em: 30 jul. 2019.

_____. Lei n. 7.853, de 24 de outubro de 1989. **Diário Oficial da União**, Poder Executivo, Brasília, DF, 25 out. 1989. Disponível em: <http://www.planalto.gov.br/ccivil_03/leis/l7853.htm>. Acesso em: 30 jul. 2019.

_____. Lei n. 8.069, de 13 de julho de 1990. **Diário Oficial da União**, Poder Legislativo, Brasília, DF, 16 jul. 1990a. Disponível em: <http://www.planalto.gov.br/ccivil_03/leis/l8069.htm>. Acesso em: 30 jul. 2019.

_____. Lei n. 8.080, de 19 de setembro de 1990. **Diário Oficial da União**, Poder Legislativo, Brasília, DF, 20 set. 1990b. Disponível em: <http://www.planalto.gov.br/ccivil_03/leis/l8080.htm>. Acesso em: 1º out. 2019.

BRASIL. Lei n. 8.160, de 8 de janeiro de 1991. **Diário Oficial da União**, Poder Legislativo, Brasília, DF, 9 jan. 1991b. Disponível em: <http://www.planalto.gov.br/ccivil_03/leis/l8160.htm>. Acesso em: 30 jul. 2019.

_____. Lei n. 8.199, de 28 de junho de 1991. **Diário Oficial da União**, Poder Executivo, Brasília, DF, 1 jul. 1991c. Disponível em: <http://www.planalto.gov.br/ccivil_03/LEIS/1989_1994/L8199.htm>. Acesso em: 30 jul. 2019.

_____. Lei n. 8.213, de 24 de julho de 1991. **Diário Oficial da União**, Poder Executivo, Brasília, DF, 25 jul. 1991d. Disponível em: <http://www.planalto.gov.br/ccivil_03/leis/l8213cons.htm>. Acesso em: 14 maio 2019.

_____. Lei n. 8.686, de 20 de julho de 1993. **Diário Oficial da União**, Poder Executivo, Brasília, DF, 21 jul. 1993a. Disponível em: <http://www.planalto.gov.br/ccivil_03/leis/1989_1994/L8686.htm>. Acesso em: 2 out. 2019.

_____. Lei n. 8.687, de 20 de julho de 1993. **Diário Oficial da União**, Poder Legislativo, Brasília, DF, 21 jul. 1993b. Disponível em: <http://www.planalto.gov.br/ccivil_03/Leis/1989_1994/L8687.htm>. Acesso em: 2 out. 2019.

_____. Lei n. 8.742, de 7 de dezembro de 1993. **Diário Oficial da União**, Poder Legislativo, Brasília, DF, 8 dez. 1993c. Disponível em: <http://www.planalto.gov.br/ccivil_03/leis/l8742.htm>. Acesso em: 2 out. 2019.

_____. Lei n. 8.859, de 23 de março de 1994. **Diário Oficial da União**, Poder Legislativo, Brasília, DF, 24 mar. 1994a. Disponível em: <http://www.planalto.gov.br/ccivil_03/leis/l8859.htm>. Acesso em: 2 out. 2019.

BRASIL. Lei n. 8.989, de 24 de fevereiro de 1995. **Diário Oficial da União**, Poder Executivo, Brasília, DF, 25 fev. 1995b. Disponível em: <http://www.planalto.gov.br/ccivil_03/leis/l8989.htm>. Acesso em: 30 jul. 2019.

_____. Lei n. 8.899, de 29 de junho de 1994. **Diário Oficial da União**, Poder Legislativo, Brasília, DF, 30 jun. 1994b. Disponível em: <http://www.planalto.gov.br/ccivil_03/Leis/L8899.htm>. Acesso em: 2 out. 2019.

_____. Lei n. 9.045, de 18 de maio de 1995. **Diário Oficial da União**, Brasília, DF, 19 maio. 1995c. Disponível em: <http://www.planalto.gov.br/ccivil_03/leis/L9045.htm>. Acesso em: 30 jul. 2019.

_____. Lei n. 9.394, de 20 de dezembro de 1996. **Diário Oficial da União**, Poder Legislativo, Brasília, DF, 23 dez. 1996. Disponível em: <http://www.planalto.gov.br/ccivil_03/leis/l9394.htm>. Acesso em: 30 jul. 2019.

_____. Lei n. 10.048, de 8 de novembro de 2000. **Diário Oficial da União**, Poder Legislativo, Brasília, DF, 9 nov. 2000b. Disponível em: <http://www.planalto.gov.br/ccivil_03/leis/l10048.htm>. Acesso em: 1º ago. 2019.

_____. Lei n. 10.098, de 19 de dezembro de 2000. **Diário Oficial da União**, Poder Legislativo, Brasília, DF, 20 dez. 2000c. Disponível em: <http://www.planalto.gov.br/ccivil_03/leis/l10098.htm>. Acesso em: 30 jul. 2019.

_____. Lei n. 10.182, de 12 de fevereiro de 2001. **Diário Oficial da União**, Poder Executivo, Brasília, DF, 14 fev. 2001b. Disponível em: <http://www.planalto.gov.br/ccivil_03/LEIS/LEIS_2001/L10182.htm>. Acesso em: 30 jul. 2019.

_____. Lei n. 10.216, de 6 de abril de 2001. **Diário Oficial da União**, Poder Legislativo, Brasília, DF, 9 abr. 2001c. Disponível em: <http://www.planalto.gov.br/ccivil_03/leis/leis_2001/l10216.htm>. Acesso em: 2 out. 2019.

BRASIL. Lei n. 10.226, de 15 de maio de 2001. **Diário Oficial da União**, Poder Legislativo, Brasília, DF, 16 maio 2001d. Disponível em: <http://www.planalto.gov.br/ccivil_03/leis/LEIS_2001/L10226.htm>. Acesso em: 2 out. 2019.

_____. Lei n. 10.436, de 24 de abril de 2002. **Diário Oficial da União**, Poder Legislativo, Brasília, DF, 25 abr. 2002a. Disponível em: <http://www.planalto.gov.br/ccivil_03/leis/2002/l10436.htm>. Acesso em: 30 jul. 2019.

_____. Lei n. 10.690, de 16 de junho de 2003. **Diário Oficial da União**, Poder Executivo, Brasília, DF, 17 jun. 2003a. Disponível em: <http://www.planalto.gov.br/ccivil_03/leis/2003/l10.690.htm>. Acesso em: 30 jul. 2019.

_____. Lei n. 10.708, de 31 de julho de 2003. **Diário Oficial da União**, Poder Executivo, Brasília, DF, 1 ago. 2003b. Disponível em: <http://www.planalto.gov.br/ccivil_03/Leis/2003/L10.708.htm>. Acesso em: 2 out. 2019.

_____. Lei n. 10.754, de 31 de outubro de 2003. **Diário Oficial da União**, Poder Legislativo, Brasília, DF, 3 nov. 2003c. Disponível em: <http://www.planalto.gov.br/ccivil_03/leis/2003/L10.754.htm>. Acesso em: 31 jul. 2019.

_____. Lei n. 11.126, de 27 de junho de 2005. **Diário Oficial da União**, Poder Legislativo, Brasília, DF, 28 jun. 2005b. Disponível em: <http://www.planalto.gov.br/ccivil_03/_ato2004-2006/2005/lei/l11126.htm>. Acesso em: 30 jul. 2019.

_____. Lei n. 11.133, de 14 de julho de 2005. **Diário Oficial da União**, Poder Executivo, Brasília, DF, 15 jul. 2005c. Disponível em: <http://www.planalto.gov.br/ccivil_03/_Ato2004-2006/2005/Lei/L11133.htm>. Acesso em: 30 jul. 2019.

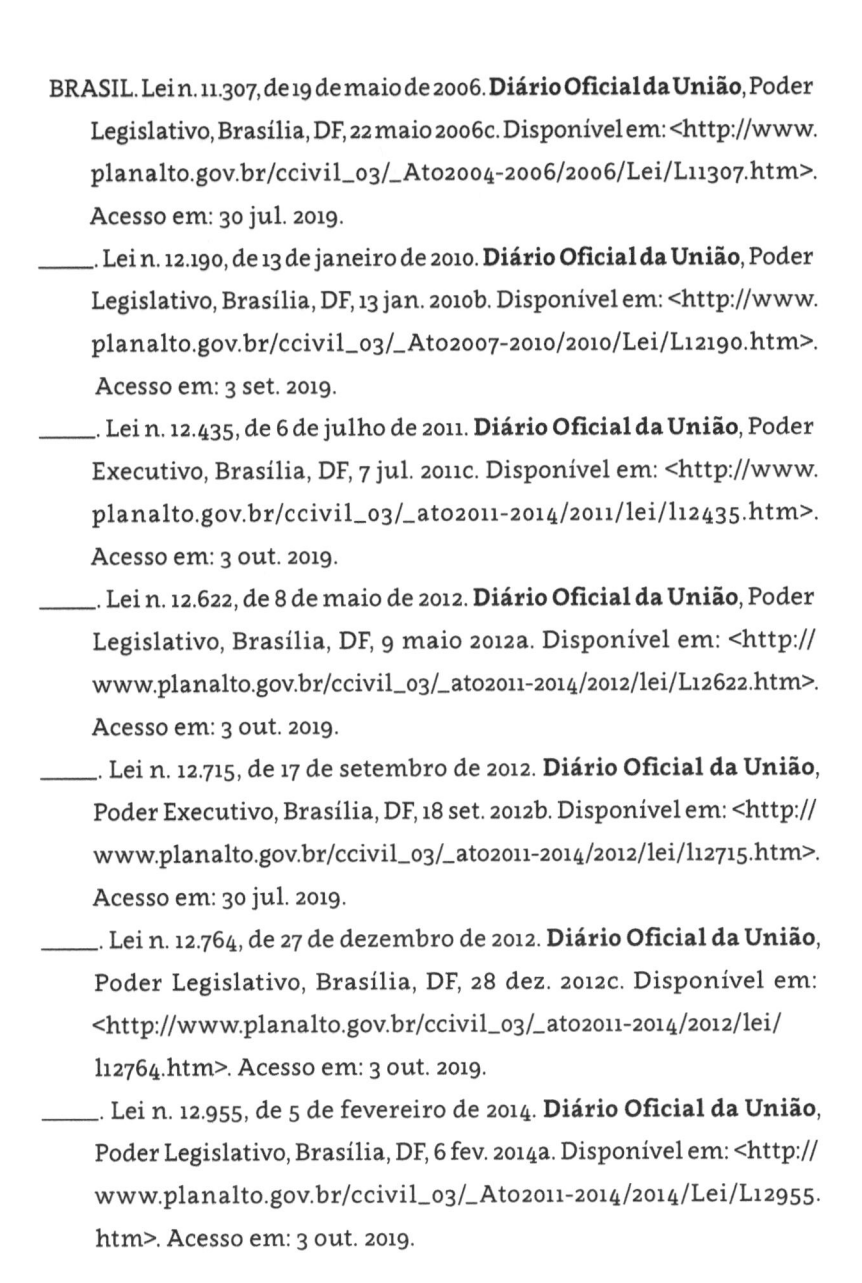

BRASIL. Lei n. 11.307, de 19 de maio de 2006. **Diário Oficial da União**, Poder Legislativo, Brasília, DF, 22 maio 2006c. Disponível em: <http://www.planalto.gov.br/ccivil_03/_Ato2004-2006/2006/Lei/L11307.htm>. Acesso em: 30 jul. 2019.

_____. Lei n. 12.190, de 13 de janeiro de 2010. **Diário Oficial da União**, Poder Legislativo, Brasília, DF, 13 jan. 2010b. Disponível em: <http://www.planalto.gov.br/ccivil_03/_Ato2007-2010/2010/Lei/L12190.htm>. Acesso em: 3 set. 2019.

_____. Lei n. 12.435, de 6 de julho de 2011. **Diário Oficial da União**, Poder Executivo, Brasília, DF, 7 jul. 2011c. Disponível em: <http://www.planalto.gov.br/ccivil_03/_ato2011-2014/2011/lei/l12435.htm>. Acesso em: 3 out. 2019.

_____. Lei n. 12.622, de 8 de maio de 2012. **Diário Oficial da União**, Poder Legislativo, Brasília, DF, 9 maio 2012a. Disponível em: <http://www.planalto.gov.br/ccivil_03/_ato2011-2014/2012/lei/L12622.htm>. Acesso em: 3 out. 2019.

_____. Lei n. 12.715, de 17 de setembro de 2012. **Diário Oficial da União**, Poder Executivo, Brasília, DF, 18 set. 2012b. Disponível em: <http://www.planalto.gov.br/ccivil_03/_ato2011-2014/2012/lei/l12715.htm>. Acesso em: 30 jul. 2019.

_____. Lei n. 12.764, de 27 de dezembro de 2012. **Diário Oficial da União**, Poder Legislativo, Brasília, DF, 28 dez. 2012c. Disponível em: <http://www.planalto.gov.br/ccivil_03/_ato2011-2014/2012/lei/l12764.htm>. Acesso em: 3 out. 2019.

_____. Lei n. 12.955, de 5 de fevereiro de 2014. **Diário Oficial da União**, Poder Legislativo, Brasília, DF, 6 fev. 2014a. Disponível em: <http://www.planalto.gov.br/ccivil_03/_Ato2011-2014/2014/Lei/L12955.htm>. Acesso em: 3 out. 2019.

BRASIL. Lei n. 13.146, de 6 de julho de 2015. **Diário Oficial da União**, Poder Legislativo, Brasília, DF, 7 jul. 2015. Disponível em: <http://www.planalto.gov.br/ccivil_03/_ato2015-2018/2015/lei/l13146.htm>. Acesso em: 30 jul. 2019.

_____. Lei n. 13.409, de 28 de dezembro de 2016. **Diário Oficial da União**, Poder Legislativo, Brasília, DF, 29 dez. 2016a. Disponível em: <http://www.planalto.gov.br/ccivil_03/_Ato2015-2018/2016/Lei/L13409.htm>. Acesso em: 3 out. 2019.

BRASIL. Ministério da Ciência, Tecnologia e Inovação. Portaria n. 139, de 23 de fevereiro de 2012. **Diário Oficial da União**, Brasília, DF, 24 fev. 2012d. Disponível em: <http://www.portaldeacessibilidade.rs.gov.br/legislacao/4/456>. Acesso em: 30 jul. 2019.

BRASIL. Ministério da Ciência, Tecnologia, Inovações e Comunicações. Secretaria Especial dos Direitos Humanos. Portaria n. 36, de 15 de março de 2004. **Diário Oficial da União**, Brasília, DF, 18 mar. 2004c. Disponível em: <https://www.legisweb.com.br/legislacao/?id=189626>. Acesso em: 3 out. 2019.

BRASIL. Ministério da Educação. **BPC na escola**. Disponível em: <http://portal.mec.gov.br/component/content/article?id=12291>. Acesso em: 1º out. 2019a.

BRASIL. Portaria n. 319, de 26 de fevereiro de 1999. **Diário Oficial da União**, Brasília, DF, 2 mar. 1999b. Disponível em: <http://portal.mec.gov.br/seesp/arquivos/pdf/port319.pdf>. Acesso em: 30 jul. 2019.

_____. Portaria n. 554, de 26 de abril de 2000. **Diário Oficial da União**, Brasília, DF, 27 abr. 2000d. Disponível em: <http://portal.mec.gov.br/arquivos/pdf/portaria554.pdf>. Acesso em: 30 jul. 2019.

BRASIL. **Programa de Formação Continuada de Professores em Educação Especial**. Disponível em: <http://portal.mec.gov.br/licitacoes-e-contratos/194-secretarias-112877938/secad-educacao-continuada-223369541/17431-programa-de-formacao-continuada-de-professores-em-educacao-especial-novo>. Acesso em: 1º out. 2019d.

_____. **Programa Educação Inclusiva**: direito à diversidade. Disponível em: <http://portal.mec.gov.br/par/194-secretarias-112877938/secad-educacao-continuada-223369541/17434-programa-educacao-inclusiva-direito-a-diversidade-novo>. Acesso em: 1º out. 2019e.

_____. **Programa Escola Acessível**. Disponível em: <http://portal.mec.gov.br/ima/194-secretarias-112877938/secad-educacao-continuada-223369541/17428-programa-escola-acessivel-novo>. Acesso em: 1º out. 2019f.

_____. **Programa Implantação de Salas de Recursos Multifuncionais**. Disponível em: <http://portal.mec.gov.br/pnpd/194-secretarias-112877938/secad-educacao-continuada-223369541/17430-programa-implantacao-de-salas-de-recursos-multifuncionais-novo>. Acesso em: 1º out. 2019g.

BRASIL. **Programas e ações**. Disponível em: <http://portal.mec.gov.br/component/content/article/194-secretarias-112877938/secad-educacao-continuada-223369541/17429-programas-e-acoes-sp-921261801>. Acesso em

BRASIL. Ministério da Educação. Portaria n. 243, de 15 de abril de 2016. **Diário Oficial da União**, Brasília, DF, 18 abr. 2016b. Disponível em: <https://seguro.mprj.mp.br/documents/112957/15113396/PORTARIA_N_243_DE_15_DE_ABRIL_DE_2016.pdf>. Acesso em: 3 out. 2019.

BRASIL. Ministério da Educação. Conselho Nacional de Educação. Câmara de Educação Básica. Resolução n. 2, de 11 de setembro de 2001. **Diário Oficial da União**, Brasília, DF, 14 set. 2001f. Disponível em: <http://portal.mec.gov.br/cne/arquivos/pdf/CEB0201.pdf>. Acesso em: 29 jun. 2019.

_____. Parecer n. 13, de 3 de junho de 2003. **Diário Oficial da União**, Brasília, DF, 24 set. 2009b. Disponível em: <http://portal.mec.gov.br/dmdocuments/pceb013_09_homolog.pdf>. Acesso em: 29 jul. 2019.

_____. Parecer n. 17, de 3 de julho de 2001. **Diário Oficial da União**, Brasília, DF, 17 ago. 2001g. Disponível em: <http://portal.mec.gov.br/seesp/arquivos/pdf/parecer17.pdf>. Acesso em: 29 jul. 2019.

BRASIL. Ministério da Educação. Conselho Deliberativo do Fundo Nacional de Desenvolvimento da Educação. Resolução n. 27, de 2 de junho de 2011. **Diário Oficial da União**, Brasília, DF, 3 jun. 2011d. Disponível em: <http://www.fnde.gov.br/acessibilidade/item/3450-resolu%C3%A7%C3%A3o-cd-fnde-n%C2%BA-27-de-2-de-junho-de-2011>. Acesso em: 30 jul. 2019.

BRASIL. **Plano de ações articuladas (PAR)**. Disponível em: <http://www.fnde.gov.br/component/k2/item/4146-plano-de-a%C3%A7%C3%B5es-articuladas-par?highlight=YToxOntpOjA7czozOiJwYXIiO3o=>. Acesso em: 3 out. 2019i.

BRASIL. Ministério da Educação. Secretaria de Educação Básica. Secretaria de Educação Continuada, Alfabetização, Diversidade e Inclusão. **Normas técnicas para a produção de textos em braile**. 3. ed. Brasília, 2017b.

BRASIL. Ministério da Educação. Secretaria de Educação Básica. Secretaria de Educação Continuada, Alfabetização, Diversidade e Inclusão. Diretoria de Políticas de Educação Especial. Nota técnica

n. 04, de 23 de janeiro de 2014b. Disponível em: <http://portal.mec. gov.br/index.php?option=com_docman&view=download&alias= 15898-notto4-secadi-dpee-23012014&category_slug=julho-2014-pdf&Itemid=30192>. Acesso em: 3 out. 2019.

BRASIL. Nota Técnica n. 24, de 21 de março de 2013c. Disponível em: <http://portal.mec.gov.br/index.php?option=com_docman&view =download&alias=13287-nt24-sistem-lei12764-2012&Itemid=30192>. Acesso em: 3 out. 2019.

_____. Nota Técnica n. 28, de 21 de março de 2013d. Disponível em: <http://portal.mec.gov.br/index.php?option=com_docman&view= download&alias=13288-nt28-sistem-defic-audit&category_slug=junho-2013-pdf&Itemid=30192>. Acesso em: 3 out. 2019.

BRASIL. Ministério da Educação. Secretaria da Educação Especial. **Política Nacional da Educação Especial na Perspectiva da Educação Inclusiva**. Brasília, 2008b. Disponível em: <http://portal.mec.gov.br/arquivos/pdf/politicaeducespecial.pdf>. Acesso em: 29 jul. 2019.

BRASIL. **Manual de orientação**: programa de implantação de sala de recursos multifuncionais. Brasília, 2010c. Disponível em: <http://portal.mec.gov.br/index.php?option=com_docman&view =download&alias=9936-manual-orientacao-programa-implan tacao-salas-recursos-multifuncionais&Itemid=30192>. Acesso em: 3 out. 2019.

_____. **Saberes e práticas da inclusão**: desenvolvendo competências para o atendimento às necessidades educacionais especiais de alunos com altas habilidades/superdotação. 2. ed. Brasília, 2006e. (Série Saberes e Práticas da Inclusão). Disponível em: <http://portal.mec.gov.br/seesp/arquivos/pdf/altashabilidades.pdf>. Acesso em: 29 jul. 2019.

BRASIL. Secretaria Especial dos Direitos da Pessoa com Deficiência. **Viver sem limite**. Brasília, 2019m. Disponível em: <https://www.pessoacomdeficiencia.gov.br/app/viver-sem-limite>. Acesso em: 9 maio 2019.

BRASIL. Secretaria Especial dos Direitos Humanos. CORDE – Coordenadoria Nacional para Integração da Pessoa Portadora de Deficiência. SICORDE – Sistema Nacional de Informações sobre Deficiência. **Convenção sobre os direitos das pessoas com deficiência comentada**. Brasília, 2008c.

BRASIL. Ministério da Fazenda. Portaria Interministerial n. 362, de 24 de outubro de 2012. **Diário Oficial da União**, Brasília, DF, 25 out. 2012e. Disponível em: <http://fazenda.gov.br/acesso-a-informacao/institucional/legislacao/portarias-interministeriais/2012/arquivos/portaria362.pdf>. Acesso em: 20 ago. 2019.

BRASIL. Ministério da Saúde. ANVISA – Agência Nacional de Vigilância Sanitária. Resolução RDC n. 50, de 21 de fevereiro de 2002. **Diário Oficial da União**, Brasília, DF, 22 fev. 2002c. Disponível em: <http://www.saude.df.gov.br/wp-conteudo/uploads/2018/04/Resolu%C3%A7%C3%A3o-RDC-n%C2%BA-50_2002_Disp%C3%B5e-sobre-o-Regulamento-T%C3%A9cnico-para-planejamento-programa%C3%A7%C3%A3o-elabora%C3%A7%C3%A3o-e-avalia%C3%A7%C3%A3o-de-projetos-fisicos....pdf>. Acesso em: 30 jul. 2019.

BRASIL. Ministério da Saúde. Gabinete do Ministro. Portaria n. 818, de 5 de junho de 2001. **Diário Oficial da União**, Brasília, DF, 7 jun. 2001h. Disponível em: <http://bvsms.saude.gov.br/bvs/saudelegis/gm/2001/prt0818_05_06_2001.html>. Acesso em: 10 set. 2019.

BRASIL. Portaria n. 1.060, de 5 de junho de 2002. **Diário Oficial da União**, Brasília, DF, 6 jun. 2002d. Disponível em: <http://bvsms.saude.gov.br/bvs/saudelegis/gm/2002/prt1060_05_06_2002.html>. Acesso em: 2 out. 2019.

____. Portaria n. 1.278, de 20 de outubro de 1999. **Diário Oficial da União**, Brasília, DF, 21 out. 1999c. Disponível em: <http://bvsms.saude.gov.br/bvs/saudelegis/gm/1999/prt1278_20_10_1999.html>. Acesso em: 10 set. 2019.

____. Portaria n. 1.635, de 12 de setembro de 2002. **Diário Oficial da União**, Brasília, DF, 16 set. 2002e. Disponível em: <https://saude.rs.gov.br/upload/arquivos/carga20171008/13130834-1421676330-portaria-n-1635-de-12-de-setembro-2002-novos-procedimentos.pdf>. Acesso em: 10 set. 2019.

____. Portaria n. 1.370, de 3 de julho de 2008. **Diário Oficial da União**, Brasília, DF, 4 jul. 2008d. Disponível em: <http://bvsms.saude.gov.br/bvs/saudelegis/gm/2008/prt1370_03_07_2008.html>. Acesso em: 10 set. 2019.

BRASIL. Portaria n. 2.073, de 28 de setembro de 2004. **Diário Oficial da União**, Brasília, DF, 29 set. 2004d. Disponível em: <http://bvsms.saude.gov.br/bvs/saudelegis/gm/2004/prt2073_28_09_2004.html>. Acesso em: 10 set. 2019.

____. Portaria n. 3.128, de 24 de dezembro de 2008. **Diário Oficial da União**, Brasília, DF, 26 dez. 2008e. Disponível em: <http://bvsms.saude.gov.br/bvs/saudelegis/gm/2008/prt3128_24_12_2008.html>. Acesso em: 10 set. 2019.

BRASIL. Ministério da Saúde. Secretaria de Assistência à Saúde. Portaria n. 185, de 5 de junho de 2001. **Diário Oficial da União**,

Brasília, DF, 7 jun. 2001i. Disponível em: <http://www.credesh.ufu. br/sites/credesh.hc.ufu.br/arquivos/PORTARIA%20N%C2%BA% 20185%2C%20DE%205%20DE%20JUNHO%20DE%202001.pdf>. Acesso em: 10 set. 2019.

BRASIL. Ministério da Saúde. Secretaria de Atenção à Saúde. Portaria n. 388, de 28 de julho de 1999. **Diário Oficial da União**, Brasília, DF, 30 jul. 1999d. Disponível em: <http://bvsms.saude.gov.br/bvs/saudelegis/sas/1999/prt0388_28_07_1999.html>. Acesso em: 30 jul. 2019.

_____. Portaria n. 370, de 4 de julho de 2008. **Diário Oficial da União**, Brasília, DF, 8 jul. 2008f. Disponível em: <http://bvsms.saude.gov. br/bvs/saudelegis/sas/2008/prt0370_04_07_2008.html>. Acesso em: 10 set. 2019.

_____. Portaria n. 587, de 7 de outubro de 2004. **Diário Oficial da União**, Brasília, DF, 11 out. 2004e. Disponível em: <http://bvsms.saude. gov.br/bvs/saudelegis/sas/2004/prt0587_07_10_2004.html>. Acesso em: 10 set. 2019.

BRASIL. Portaria n. 589, de 8 de outubro de 2004. **Diário Oficial da União**, , Brasília, DF, 11 out. 2004f. Disponível em: <http://bvsms. saude.gov.br/bvs/saudelegis/sas/2004/prt0589_08_10_2004_rep. html>. Acesso em: 10 set. 2019.

BRASIL. Ministério da Saúde. Secretaria de Atenção à Saúde. Departamento de Ações Programáticas Estratégicas. **Política Nacional de Saúde da Pessoa com Deficiência**. Brasília, 2010d. (Série B. Textos Básicos de Saúde). Disponível em: <http://bvsms. saude.gov.br/bvs/publicacoes/politica_nacional_pessoa_com_ deficiencia.pdf>. Acesso em: 10 set. 2019.

_____. **Ata da VII Reunião do Comitê de Ajudas Técnicas – CAT CORDE/ SEDH/PR realizada nos dias 13 e 14 de dezembro de 2007**. Brasília,

2007d. Disponível em: <http://www.assistiva.com.br/Ata_VII_Reuni%C3%A3o_do_Comite_de_Ajudas_T%C3%A9cnicas.pdf>. Acesso em: 31 jul. 2019.

BRASIL. Senado Federal. Decreto Legislativo n. 186, de 2008. **Diário Oficial da União**, Poder Executivo, Brasília, DF, 10 set. 2008g. Disponível em: <http://www.planalto.gov.br/ccivil_03/Congresso/DLG/DLG-186-2008.htm>. Acesso em: 2 out. 2019.

CARLETTO, A. C.; CAMBIAGHI, S. **Desenho universal**: um conceito para todos. Disponível em: <https://www.maragabrilli.com.br/wp-content/uploads/2016/01/universal_web-1.pdf>. Acesso em: 4 out. 2019.

CNRTA – Centro Nacional de Referência em Tecnologia Assistiva; CTI RENATO ARCHER – Centro de Tecnologia da Informação Renato Archer. (Org.). Reflexões sobre tecnologia assistiva. In: SIMPÓSIO INTERNACIONAL DE TECNOLOGIA ASSISTIVA DO CNRTA, 1., 2014, Campinas. **Anais...** Campinas: CNRTA-CTI, 2014. Disponível em: <https://www.cti.gov.br/sites/default/files/images/cnrta_livro_150715_digital_final_segunda_versao.pdf>. Acesso em: 6 set. 2019.

CONGRESSO EUROPEU DE PESSOAS COM DEFICIÊNCIA. **Declaração de Madri**. 23 março 2002. Disponível em: <http://www.faders.rs.gov.br/legislacao/6/33>. Acesso em: 2 out. 2019.

CTI RENATO ARCHER – Centro de Tecnologia da Informação Renato Archer. Disponível em: <https://www.cti.gov.br/pt-br/sobre-o-cti>. Acesso em: 3 out. 2019.

DPI–DISABLED PEOPLES' INTERNATIONAL (ORGANIZAÇÃO MUNDIAL DE PESSOAS COM DEFICIÊNCIA). Declaração de Cave

Hill. Declaração de Cave Hill. 29 jan. 2003. Disponível em: <https://www.prefeitura.sp.gov.br/cidade/secretarias/upload/saude/arquivos/deficiencia/Declaracao_de_CaveHill.pdf>. Acesso em: 2 out. 2019.

ENCONTRO DE PAÍSES LUSÓFONOS PARA A DIVULGAÇÃO E A IMPLEMENTAÇÃO DA CONVENÇÃO SOBRE OS DIREITOS DA PESSOA COM DEFICIÊNCIA E SEU PROTOCOLO FACULTATIVO. Carta de Santos. 25 set. 2008. Disponível em: <http://acervo.planneta educacao.com.br/portal/artigo.asp?artigo=1284>. Acesso em: 3 out. 2019.

FADERS – Fundação de Articulação e Desenvolvimento de Políticas Públicas para PcD e PcAH no RS. **Orientações**: agenda social. Disponível em: <http://www.portaldeacessibilidade.rs.gov.br/uploads/13019371130rientacoesxAgendaxSocial.doc>. Acesso em: 9 set. 2019.

FLEURY, S.; OUVERNEY, A. M. Política de saúde: uma política social. In: GIOVANELLA, L. et al. (Org.). **Políticas e sistema de saúde no Brasil**. Detalhes 2. ed. rev. e ampl. Rio de Janeiro: Ed. Fiocruz, 2014. Disponível em: <http://www.escoladesaude.pr.gov.br/arquivos/File/TEXTO_1_POLITICA_DE_SAUDE_POLITICA_SOCIAL.pdf>. Acesso em: 1º out. 2019.

FRIGOTTO, G. **A produtividade da escola improdutiva**. 5. ed. São Paulo: Cortez, 1999.

GALVÃO FILHO, T. A. A tecnologia assistiva: de que se trata? In: MACHADO, G. J. C.; SOBRAL, M. N. (Org.). **Conexões**: educação, comunicação, inclusão e interculturalidade. Porto Alegre: Redes, 2009. p. 207-235.

IAH – INSTITUTO ANTÔNIO HOUAISS. **Houaiss corporativo**: grande dicionário. Extensão para Google Chrome. Disponível em: <https://houaiss.uol.com.br/corporativo/index.php>. Acesso em: 26 jul. 2019.

KIT necessidades especiais. **Comunicação**. Disponível em: <http://www.acessibilidade.net/at/kit2004/comunicacao.htm>. Acesso em: 21 abr. 2019a.

____. **Software educativo**. Disponível em: <http://www.acessibilidade.net/at/kit2004/educativo.htm>. Acesso em: 21 abr. 2019b.

KIT PARA NECESSIDADES ESPECIAIS 2008. **Vamos pintar**. 28 jan. 2008. Disponível em: <https://kit2008.wordpress.com/>. Acesso em: 4 out. 2019.

LAUAND, G. B. A. **Fontes de informação sobre tecnologia assistiva para favorecer à inclusão escolar de alunos com deficiências físicas e múltiplas**. 224 f. Tese (Doutorado em Educação Especial) – Universidade Federal de São Carlos, São Carlos, 2005.

MINAS GERAIS (Estado). Lei Estadual n. 10.397, de 10 de janeiro de 1991. Disponível em: <http://leisestaduais.com.br/mg/lei-ordinaria-n-10379-1991-minas-gerais-reconhece-oficialmente-no-estado-de-minas-gerais-como-meio-de-comunicacao-objetiva-e-de-uso-corrente-a-linguagem-gestual-codificada-na-lingua-brasileira-de-sinais-libras>. Acesso em: 30 jul. 2019.

ONU – Organização das Nações Unidas. **Declaração de Direitos do Deficiente Mental**. 22 dez. 1971. Disponível em: <http://www.direitoshumanos.usp.br/index.php/Direito-dos-Portadores-de-Defici%C3%AAncia/declaracao-de-direitos-do-deficiente-mental.html>. Acesso em: 2 out. 2019.

____. **Declaração de Direitos das Pessoas Deficientes**. 9 dez. 1975. Disponível em: <http://portal.mec.gov.br/seesp/arquivos/pdf/dec_def.pdf>. Acesso em: 2 out. 2019.

ONU – Organização das Nações Unidas. **Declaração de Sopporo.** 18 out. 2002. Disponível em: <http://www.faders.rs.gov.br/legislacao/6/26>. Acesso em: 2 out. 2019.

PORTUGAL. DRE – Diário da República Eletrónico. **Resolução da Assembleia da República n. 63/98.** Disponível em: <https://dre.pt/pesquisa/-/search/211197/details/normal?p_p_auth=dhGAKye3>. Acesso em: 2 out. 2019.

OPAS – Organização Pan-Americana de Saúde. **Declaração de Caracas.** 14-18 out. 2002. Disponível em: <http://bvsms.saude.gov.br/bvs/publicacoes/declaracao_caracas.pdf>. Acesso em: 2 out. 2019.

SÃO PAULO (Estado). Decreto n. 45.122, de 12 de agosto de 2004. **Diário Oficial [do] Estado de São Paulo**, 13 ago. 2004. Disponível em: <https://www.prefeitura.sp.gov.br/cidade/secretarias/upload/pessoa_com_deficiencia/DECRETO%2045122.pdf>. Acesso em: 30 jul. 2019.

SÃO PAULO (Cidade). Lei n. 14.659, de 26 de dezembro de 2007. **Diário Oficial [da] Cidade de São Paulo**, 27 dez. 2007. Disponível em: <https://www.prefeitura.sp.gov.br/cidade/secretarias/pessoa_com_deficiencia/menu/index.php?p=172413>. Acesso em: 2 out. 2019.

_____. Lei Complementar n. 1.038, de 6 de março de 2008. **Diário Oficial [da] Cidade de São Paulo**, 7 mar. 2008. Disponível em: <https://www.al.sp.gov.br/repositorio/legislacao/lei.complementar/2008/lei.complementar-1038-06.03.2008.html>. Acesso em: 2 out. 2019.

SARTORETTO, M. L.; BERSCH, R. **O que é tecnolgogia assistiva?** Disponível em: <http://www.assistiva.com.br/tassistiva.html>. Acesso em: 19 ago. 2019a.

SARTORETTO, M. L.; BERSCH, R. **Terminologia sobre deficiência na era da inclusão.** Disponível em: <https://acessibilidade.ufg.br/up/211/o/TERMINOLOGIA_SOBRE_DEFICIENCIA_NA_ERA_DA.pdf?1473203540>. Acesso em: 21 abr. 2019.

SAVIANI, D. **Pedagogia histórico-crítica**: primeiras aproximações. 7. ed. Campinas: Autores Associados, 2000.

SEMINÁRIO E OFICINA REGIONAL DAS AMÉRICAS. **Declaração de Quito.** 9-11 abr. 2019. Disponível em: <https://www.prefeitura.sp.gov.br/cidade/secretarias/upload/saude/arquivos/deficiencia/Declaracao_de_Quito.pdf>. Acesso em: 2 out. 2019.

UNESCO – United Nation Educational, Scientific and Cultural Organization. **Declaração de Dakar**: educação para todos – 2000. 26-28 abril 2000 Disponível em: <http://cape.edunet.sp.gov.br/textos/declaracoes/3Declacao_Salamanca.doc>. Acesso em: 2 out. 2019.

_____. **Declaração de Salamanca**: sobre princípios, política e práticas na área das necessidades educativas especiais. Salamanca, 1994. Disponível em: <http://cape.edunet.sp.gov.br/textos/declaracoes/3Declacao_Salamanca.doc>. Acesso em: 29 jul. 2019.

VALENTE, J. A. **Diferentes usos do computador na educação.** Campinas: Nied-Unicamp, 2002.

Bibliografia comentada

BERSCH, R. **Introdução à tecnologia assistiva**. Porto Alegre, p. 1-20, 2017. Disponível em: <http://www.assistiva.com.br/Introducao_Tecnologia_Assistiva.pdf>. Acesso em: 31 jul. 2019.
Bersch é uma fisioterapeuta que se dedica à pesquisa na área de tecnologia assitiva e está envolvida com a inclusão de pessoas com deficiência na educação. Sua obra constitui um apanhado sobre o conceito, o objetivo, a classificação em categorias da tecnologia assistiva, a legislação brasileira e as ações governamentais.

BERSCH, R. **Design de um serviço de tecnologia assistiva em escolas públicas**. 231 f. Dissertação (Mestrado em Design) – Universidade Federal do Rio Grande do Sul, Porto Alegre, 2009. Disponível em: <https://lume.ufrgs.br/bitstream/handle/10183/18299/000728187.pdf?sequence=1&isAllowed=y>. Acesso em: 1º out. 2019.
Bersch pesquisou a tecnologia assistiva e sua realização na educação sob uma perspectiva inclusiva. Além disso, estudou três casos específicos de atendimentos de alunos com a intenção de propor um novo *design* ao serviço de tecnologia assistiva.

GALVÃO FILHO, T. A. A tecnologia assistiva: de que se trata? In: MACHADO, G. J. C.; SOBRAL, M. N. (Org.). **Conexões**: educação, comunicação, inclusão e interculturalidade. Porto Alegre: Redes, 2009. p. 207-235.

Galvão Filho pesquisou o processo de apropriação e o uso da tecnologia assitiva em escolas públicas do ensino básico na capital da Bahia. Em seu trabalho, ele apresenta os avanços e as conquistas dos estudantes superando suas dificuldades inclusivas nas áreas física, educacional e emocional e, principalmente, com relação à gestão nas redes públicas de ensino.

ROTH, B. W. (Org.). **Experiências educacionais inclusivas**: Programa Educação Inclusiva – direito à diversidade. Brasília: Ministério da Educação, Secretaria de Educação Especial, 2006. Disponível em: <http://portal.mec.gov.br/seesp/arquivos/pdf/experiencias educacionaisinclusivas.pdf>. Acesso em: 27 maio 2019.

Esta obra reúne 20 artigos nos quais são relatadas práticas inclusivas realizadas por educadores na educação especial. Os textos abordam a gestão dos sistemas de ensino, a organização de recursos e serviços, as práticas educacionais inclusivas e, principalmente, fazem o leitor refletir sobre o paradigma na educação especial.

ROPOLI, E. A. et al. **A educação especial na perspectiva da inclusão escolar**: a escola comum inclusiva. Brasília: Ministério da Educação/Secretaria de Educação Especial; Fortaleza: Universidade Federal do Ceará, 2010. (Coleção A Educação Especial na Perspectiva da Inclusão Escolar, v. 1).

Esta obra se volta para o atendimento educacional especializado, conhecido pela sigla AEE, e para as contribuições deste à educação especial nas escolas no que se refere aos serviços que podem e devem ser oferecidos, considerando o direito de todos a um ambiente educacional inclusivo.

Apêndice – Legislações voltadas para a inclusão

1854
- Criação do Imperial Instituto dos Meninos Cegos (atualmente, Instituto Benjamin Constant – IBC), no Rio de Janeiro.

1857
- Criação do Instituto Imperial de Surdos-Mudos (hoje conhecido como Instituto Nacional da Educação dos Surdos – INES), no Rio de Janeiro.

1926
- Início da formação da Rede Pestalozzi no Brasil com a fundação do Instituto Pestalozzi de Canoas, no Rio Grande do Sul. A instituição é especializada no atendimento às pessoas com deficiência mental.

1945
- Criação do primeiro atendimento educacional especializado às pessoas com altas habilidades, por Helena Antipoff, no Instituto Pestalozzi do Rio de Janeiro (atualmente Sociedade Pestalozzi do Brasil).

1948

- Lei n. 566, de 21 de dezembro: "Concede preferência nas aquisições de material para as repartições públicas e autarquias, aos produtos da marca Trevo, de propriedade da Liga de Proteção aos Cegos" (Brasil, 1948).

1949

- Lei n. 909, de 8 de novembro: "Autoriza a emissão especial de selos em benefício dos filhos sadios dos lázaros" (Brasil, 1949).

1954

- Fundação da primeira Associação de Pais e Amigos dos Excepcionais (Apae), na cidade do Rio de Janeiro, graças à ação de Beatrice Bemis, membro do corpo diplomático norteamericano.

1961

- Lei n. 4.024, de 20 de dezembro (Lei de Diretrizes e Bases da Educação Nacional – LDBEN): "Fixa as Diretrizes e Bases da Educação Nacional" (Brasil, 1961).

1962

- Lei n. 4.169, de 4 de dezembro: "Oficializa as convenções Braille para uso na escrita e Leitura dos cegos e o Código de Contrações e Abreviaturas Braille" (Brasil, 1962).

1971
- Lei n. 5.692, de 11 de agosto: "Fixa Diretrizes e Bases para a Educação Nacional e dá outras providências" (Brasil, 1971). Porém, essa lei não promovia a organização de um sistema educacional que atendesse às necessidades educacionais especiais; por sua vez, o texto legal reforçava o encaminhamento dos alunos para as classes e escolas especiais.
- Declaração dos Direitos do Deficiente Mental, proclamada pela Assembleia Geral das Nações Unidas, em 20 de dezembro (ONU, 1971).

1973
- Criação mediante Decreto n. 72.425, de 3 de juklho de 1973 (Brasil, 1973), pelo Ministério da Educação, do Centro Nacional de Educação Especial (Cenesp), responsável pela gerência da educação especial no Brasil.

1975
- Declaração dos Direitos das Pessoas Deficientes, aprovada em resolução da Assembleia Geral da ONU de 9 de dezembro (ONU, 1975).

1977
- Criação da Fundação da Federação Nacional de Educação e Integração dos Deficientes Auditivos (Feneida). Os participantes, à época, eram apenas pessoas ouvintes. Atualmente a instituição é conhecida por Federação Nacional de Educação e Integração dos Surdos (Feneis).

1983
- Declaração de Cave Hill, aceita unanimemente durante o Programa Regional de Capacitação de Líderes, promovido pela Organização Mundial de Pessoas com Deficiência (DPI, 2003).
- Resolução da Assembleia da República de Portugal n. 63/98, que aprova a Convenção n. 159, da Organização Internacional Do Trabalho (OIT): objetiva "permitir aos deficientes obterem e conservarem um emprego conveniente, de progredir profissionalmente e, portanto, de facilitar a sua inserção ou reinserção na sociedade" (Portugal, 2019).

1991
- Lei n. 8.213, de 24 de julho, Subseção II "Da Habilitação e da Reabilitação Profissional": institui as cotas mínimas para a contratação de pessoas com deficiência em empresas com mais de 100 empregados (Brasil, 1991d).

1993
- Lei n. 8.686, de 20 de julho: "Dispõe sobre o reajustamento da pensão especial aos deficientes físicos portadores da Síndrome de Talidomida, instituída pela Lei nº 7.070, de 20 de dezembro de 1982" (Brasil, 1993a).
- Lei n. 8.687, de 20 de julho: "Retira da incidência do Imposto de Renda benefícios percebidos por deficientes mentais" (Brasil, 1993b).
- Declaração de Manágua, de 3 de dezembro: Dia Internacional das Pessoas com Deficiência declarado pelas Nações Unidas.
- Lei n. 8.742, de 7 de dezembro: "Dispõe sobre a organização da Assistência Social" (Brasil, 1993c).

1994
- Lei n. 8.859, de 23 de março: "Modifica dispositivos da Lei nº 6.494, de 7 de dezembro de 1977, estendendo aos alunos de ensino especial o direito à participação em atividades de estágio" (Brasil, 1994a).
- Lei n. 8.899, de 29 de junho: "Concede passe livre às pessoas portadoras de deficiência no sistema de transporte coletivo interestadual" (Brasil, 1994b).

1995
- Decreto n. 1.744, de 8 de dezembro: "Regulamenta o benefício de prestação continuada devido à pessoa portadora de deficiência" (Brasil, 1995a).

2000
- Declaração de Dakar, em abril: reunião dos participantes da Cúpula Mundial de Educação (Unesco, 2000).
- Lei n. 10.048, de 8 de novembro: "Dá prioridade de atendimento às pessoas que especifica, e dá outras providências" (Brasil, 2000b). Essa lei atende a "pessoas com deficiência, os idosos com idade igual ou superior a 60 (sessenta) anos, as gestantes, as lactantes, as pessoas com crianças de colo e os obesos" (Brasil, 2000b).

2001
- Lei n. 10.216, de 6 de abril: "Dispõe sobre a proteção e os direitos das pessoas portadoras de transtornos mentais e redireciona o modelo assistencial em saúde mental" (Brasil, 2001c).

- Lei n. 10.226, de 15 de maio: "Acrescenta parágrafos ao art. 135 da Lei n 4.737, de 15 de julho de 1965, que institui o Código Eleitoral, determinando a expedição de instruções sobre a escolha dos locais de votação de mais fácil acesso para o eleitor deficiente físico" (Brasil, 2001d).

2002
- Declaração de Caracas, entre 14 e 18 de outubro: primeira Conferência da Rede Ibero-Americana de Organizações Não Governamentais de Pessoas com Deficiência e suas Famílias
- Declaração de Sapporo, no Japão, aprovada em 18 de outubro.
- Declaração de Madri, de 23 de março (CONGRESSO EUROPEU DE PESSOAS COM DEFICIÊNCIA, 2002), com a proclamação de 2003 como o Ano Europeu das Pessoas com Deficiência.
- Portaria MS/GM n. 1.060, de 5 de junho, que aprova a Política Nacional de Saúde da Pessoa Portadora de Deficiência (Brasil, 2002d).

2003
- Declaração de Quito, aprovada no no Seminário e Oficina Regional das Américas (2003), que ocorreu de 9 a 11 de abril, que reuniu representantes dos governos do hemisfério sul em Quito.
- Lei n. 10.708, de 31 de julho: "Institui o auxílio-reabilitação psicossocial para pacientes acometidos de transtornos mentais egressos de internações" (Brasil, 2003b).

2004
- Portaria MS/GM n. 2.073, de 28 de setembro: "Institui a Política Nacional de Atenção à Saúde Auditiva" (Brasil, 2004d).
- Portaria MS/SAS n. 587, de 7 de outubro: determina a "implantação das Redes Estaduais de Atenção à Saúde Auditiva" (Brasil, 2004e).
- Portaria PR/SEDH n. 36, de 15 de março: "Dispõe sobre o Conselho Nacional dos Direitos da Pessoa Portadora de Deficiência – CONADE" (Brasil, 2004c).

2007
- Decreto n. 6.214, de 26 de setembro: "Regulamenta o benefício de prestação continuada da assistência social devido à pessoa com deficiência e ao idoso de que trata a Lei n° 8.742, de 7 de dezembro de 1993, e a Lei n° 10.741, de 1° de outubro de 2003, acresce parágrafo ao art. 162 do Decreto n° 3.048, de 6 de maio de 1999" (Brasil, 2007a).
- Convenção Sobre os Direitos das Pessoas com Deficiência, ocorrida em setembro, em Brasília, promulgada pelo Decreto n. 6.949, de 25 de agosto de 2009 (Brasil, 2009a).
- Lei n. 14.659, de 26 de dezembro: "Cria a Secretaria Municipal da Pessoa com Deficiência e Mobilidade Reduzida – SMPED, bem como dispõe sobre seu quadro de cargos de provimento em comissão" (São Paulo, 2007).

2008

- Lei Complementar n. 1.038, de 6 de março: "Cria a Secretaria de Estado dos Direitos da Pessoa com Deficiência" (São Paulo, 2008).
- Decreto Legislativo n. 186, de 9 de julho: "Aprova o texto da Convenção sobre os Direitos das Pessoas com Deficiência e de seu Protocolo Facultativo, assinados em Nova Iorque, em 30 de março de 2007" (Brasil, 2008g).
- Carta de Santos/SP, de 14 de setembro, redigida durante o Encontro de Países Lusófonos para a Divulgação e a Implementação da Convenção sobre os Direitos da Pessoa com Deficiência, promulgada pela ONU.

2009

- Decreto n. 6.949, de 25 de agosto: "Promulga a Convenção Internacional sobre os Direitos das Pessoas com Deficiência e seu Protocolo Facultativo, assinados em Nova York, em 30 de março de 2007" (Brasil, 2009a).

2010

- Lei n. 12.190, de 13 de janeiro: "Concede indenização por dano moral às pessoas com deficiência física decorrente do uso da talidomida, altera a Lei nº 7.070, de 20 de dezembro de 1982" (Brasil, 2010b).
- Decreto n. 7.235, de 19 de julho: "Regulamenta a Lei nº 12.190, de 13 de janeiro de 2010, que concede indenização por dano moral às pessoas com deficiência física decorrente do uso da talidomida" (Brasil, 2010a).

2011

- Lei n. 12.435, de 6 de julho: "Altera a Lei n° 8.742, de 7 de dezembro de 1993, que dispõe sobre a organização da Assistência Social" (Brasil, 2011c).
- Decreto n. 7.612, de 17 de novembro: "Institui o Plano Nacional dos Direitos da Pessoa com Deficiência – Plano Viver sem Limite" (Brasil, 2011b).

2012

- Lei n. 12.622, de 8 de maio: "Institui o Dia Nacional do Atleta Paraolímpico" (Brasil, 2012a).
- Lei n. 12.764, de 27 de dezembro: "Institui a Política Nacional de Proteção dos Direitos da Pessoa com Transtorno do Espectro Autista; e altera o § 3° do art. 98 da Lei n° 8.112, de 11 de dezembro de 1990" (Brasil, 2012c).

2013

- Nota Técnica n. 24, de 21 de março. Assunto: "Orientação aos Sistemas de Ensino para a implementação da Lei n° 12.764/2012" (Brasil, 2013c), que "institui a Política Nacional de Proteção dos Direitos da Pessoa com Transtorno do Espectro Autista" (Brasil, 2013c).
- Nota Técnica n. 28, de 21 de março. Assunto: "Uso do Sistema de FM na Escolarização de Estudantes com Deficiência Auditiva" (Brasil, 2013d).
- Decreto n. 8.145, de 3 de dezembro: "altera o Regulamento da Previdência Social – RPS, aprovado pelo Decreto n° 3.048, de 6 de maio de 1999, para dispor sobre a aposentadoria por tempo de contribuição e por idade da pessoa com deficiência" (Brasil, 2013a).

2014
- Nota Técnica n. 4, de 23 de janeiro. Assunto: "Orientação quanto a documentos comprobatórios de alunos com deficiência, transtornos globais do desenvolvimento e altas habilidades/superdotação no Censo Escolar" (Brasil, 2014b).
- Lei n. 12.955, de 5 de fevereiro: "Acrescenta § 9º ao art. 47 da Lei nº 8.069, de 13 de julho de 1990 (Estatuto da Criança e do Adolescente), para estabelecer prioridade de tramitação aos processos de adoção em que o adotando for criança ou adolescente com deficiência ou com doença crônica" (Brasil, 2014a).

2016
- Portaria n. 243, de 15 de abril: "Estabelece os critérios para o funcionamento, a avaliação e a supervisão de instituições públicas e privadas que prestam atendimento educacional a alunos com deficiência, transtornos globais do desenvolvimento e altas habilidades/superdotação" (Brasil, 2016b).
- Lei n. 13.409, de 28 de dezembro: "Altera a Lei nº 12.711, de 29 de agosto de 2012, para dispor sobre a reserva de vagas para pessoas com deficiência nos cursos técnico de nível médio e superior das instituições federais de ensino" (Brasil, 2016a).

2017
- Decreto n. 8.954, de 10 de janeiro, art. 4º estabelece as competências do Comitê do Cadastro Nacional de Inclusão da Pessoa com Deficiência e da Avaliação Unificada da Deficiência (Brasil, 2017).

Respostas

Capítulo 1

Atividades de autoavaliação

1. c.
2. d.
3. a.
4. d.
5. c.

Capítulo 2

Atividades de autoavaliação

1. e.
2. a.
3. d
4. a.
5. a.

Capítulo 3

Atividades de autoavaliação

1. a.
2. e.
3. a.
4. c.
5. d.

Capítulo 4

Atividades de autoavaliação

1. c.
2. b.
3. a.
4. a.
5. d.

Capítulo 5

Atividades de autoavaliação

1. b.
2. a.
3. b.
4. a.
5. d.

Capítulo 6

Atividades de autoavaliação

1. d.
2. b.
3. a.
4. c.
5. e.

Sobre a autora

Margarete Terezinha de Andrade Costa é mestra (2004) em Educação pela Universidade Federal do Paraná (UFPR) na área de Educação e Trabalho, especialista em Formação docente para EAD (2019) pelo Centro Universitário Internacional Uninter, especialista em Psicopedagogia Clínica e Institucional (2006) pela Faculdade de Artes do Paraná (FAP), e em Magistério de 1° e 2° graus pela Faculdade de Ciências Humanas e Sociais de Curitiba (Unbem). Além disso, é graduada em Letras Português-Inglês (1983) e em Pedagogia (1999) pela Pontifícia Universidade Católica do Paraná (PUCPR) e em Marketing pela Faculdade Estácio de Curitiba.

Atuou como pedagoga e professora por 28 anos na Secretaria de Educação do Estado do Paraná. É pesquisadora nas áreas de transdisciplinaridade, experiência pedagógica, altas habilidade/superdotação e teoria do discurso. É docente em cursos de graduação e pós-graduação e professora *ad-hoc* em cursos de pós-graduação nas nas diferentes modalidades de ensino.

Algumas de suas obras na área da educação são: *Os desafios e as superações na construção coletiva do Projeto Político-Pedagógico*, publicado pela Editora InterSaberes; *Legislação e políticas públicas para a diversidade*, *Introdução à psicopedagogia*, *Formação para a diversidade* e *Metodologia de ensino da educação especial*, todos publicados pela Editora Iesde; e na função de organizadora, *Direito e sociedade: o paradigma do acesso à justiça*, editado pela Ponto Vital.

Impressão:
Outubro/2019